Análise de Investimentos Fácil

As 5 técnicas mais utilizadas pelos administradores financeiros para avaliar investimentos

FLÁVIO MOITA

ISBN: 9781691628377

Direitos autorais

Por que você deveria ler este livro?

Imagine a seguinte situação, você está avaliando um novo negócio, ou um investimento qualquer. Você levantou todos os dados de investimento e precisa avaliar a sua viabilidade. Você então tenta estimar os custos do funcionamento do negócio, como funcionários, aluguel, materiais, impostos, etc. Com todos os dados em mão, o que fazer?

Como fazer a avaliação do investimento?

Essa é uma dúvida muito comum de empreendedores iniciantes, e até mesmo de administradores experientes.

Muitos não sabem utilizar corretamente as principais ferramentas da análise de investimento.

Associado a isso, é interessante notar que uma decisão de investimento incorreta pode levar a empresa, e até mesmo pessoas físicas, a enfrentar problemas financeiros graves.

Na verdade, estudos comprovam que a maioria das empresas fecha antes de 5 anos de funcionamento. Segundo uma pesquisa do IBGE apenas 38% das empresas sobreviventes em 2016 tinham 5 anos de existência ou mais. Uma a cada quatro empresas fecha suas portas no primeiro ano de funcionamento.

A grande maioria delas fecha em função de problemas financeiros graves, muitos decorrentes de análise e decisão de investimento incorreta.

Se você é estudante ou profissional das áreas de administração, contabilidade ou economia este livro vai lhe ajudar a aprender, ou revisar, de maneira fácil e prática as 5 principais técnicas utilizadas pelos administradores financeiros em análise de investimentos.

Procuramos ao longo do livro desenvolver e apresentar este tema de maneira fácil com uma linguagem prática, sempre tendo como ponto de vista do empreendedor ou administrador.

Mesmo que você não tenha tido nenhum contato com essas técnicas, vai ser fácil para você aprender e acompanhar os conteúdos e estudos de caso resolvidos passo a passo.

Para cada uma das ferramentas vistas você vai encontrar uma apresentação da ferramenta e da sua importância e exemplos práticos resolvidos passo a passo. Para a maioria dos exemplos vamos mostrar como resolver os estudos de caso utilizando as fórmulas financeiras, a calculadora financeira Hp-12c e o Excel.

Se não conhecer a calculadora financeira HP-12c não tem problema, pois todos os cálculos são apresentados também no Excel e com fórmulas financeiras. Se você quiser utilizar a HP-12c, nós vamos indicar um site gratuito onde você pode acompanhar os exemplos vistos no livro.

Uma outra coisa que com certeza vai lhe ajudar a entender as ferramentas e a resolução dos problemas, são os links para os vídeos resolvidos e os problemas propostos.

A maioria das aplicações, em especial aquelas que exigem mais detalhes, você vai ter disponível um link para ver um vídeo no meu canal no youtube onde resolvemos o estudo de caso.

Ao final de cada ferramenta você vai poder testar seu conhecimento com um estudo de caso proposto com solução em vídeo.

Além das 5 ferramentas para análise de investimento, já nos primeiros dois capítulos, você vai entender o funcionamento

4

dos juros compostos, do custo de capital, custo de oportunidade e da taxa livre de risco.

Mais detalhadamente, nos dois primeiros capítulos introdutórios, antes das ferramentas para análise de investimento, você vai:

- Entender a importância e os impactos do valor do dinheiro no tempo nos investimentos e financiamentos;
- Saber diferenciar os dois tipos de regime de juros: juros simples e juros compostos.
- Entender o funcionamento básico do mecanismo de cálculo dos juros compostos;
- Fazer o cálculo dos ganhos reais de uma aplicação, acima da inflação nos juros compostos;
- Fazer o cálculo do custo real, acima da inflação, de um financiamento
- Entender e diferenciar os recursos próprios, recursos de terceiros, estrutura de capital, custo do capital e o custo do dinheiro;
- Saber porque o capital de próprio precisa ser pago pelo risco que ele absorve ao investir na empresa;
- Compreender o que é a taxa livre de risco e porque ela é uma referência para a análise de investimento;
- Distinguir custo de capital e custo de oportunidade;
- Entender como o custo de oportunidade influencia as decisões de investimentos;
- Compreender o que é custo de capital de terceiros;
- Calcular o custo médio ponderado de capital de terceiros; e
- Entender e calcular o custo médio ponderado de capital da empresa.

Em seguida você vai ver cada uma das 5 ferramentas. Mais detalhadamente você vai:

- Entender o que é o conceito e prática do payback simples;
- Calcular o payback simples de um fluxo regular;
- Calcular o payback simples de um fluxo irregular;
- Decidir investimentos independentes utilizando o payback simples;
- Saber tomar decisão de projetos excludentes utilizando o payback simples;
- Compreender as limitações e deficiências do payback simples.
- Entender o que é o conceito e prática do payback descontado;
- Calcular o payback descontado de uma situação prática de investimento;
- Compreender como o payback descontado pode melhorar as decisões em relação ao payback simples;
- Decidir investimentos independentes utilizando o payback descontado;
- Saber tomar decisão de projetos excludentes utilizando o payback descontado;
- Compreender as limitações e deficiências do payback descontado.
- Entender o que Valor Presente Líquido (VPL);
- Calcular o VPL de uma situação de investimento utilizando as fórmulas de juros compostos;
- Saber como fazer o cálculo do VPL a partir da metodologia do payback descontado;

- Compreender a relação entre VPL e payback descontado;
- Calcular o VPL utilizando a HP-12c;
- Calcular o VPL utilizando o Excel;
- Decidir a aceitação e ordenação de projetos de investimento usando o VPL.
- Entender o que é Taxa Interna de Retorno (TIR);
- Calcular a TIR utilizando a HP-12c;
- Calcular a TIR utilizando o Excel;
- Decidir investimentos usando a taxa interna de retorno;
- Entender os principais problemas ao se utilizar a TIR em análise de investimento.
- Entender o que é Taxa Interna de Retorno Modificada (TIRM);
- Calcular a TIRM utilizando a HP-12c;
- Calcular a TIRM utilizando o Excel;
- Decidir investimentos usando a taxa interna de retorno; e
- Entender como a TIRM melhora as decisões de investimento em relação a TIR.

Como você pode ver o conteúdo deste livro é bastante prático e detalhado, voltado para decisão de investimento e aprendizado das ferramentas.

Todo este conteúdo é importantíssimo para empreendedores, administradores e tomadores de decisão de investimentos. Na verdade são conteúdos indispensáveis para quem deseja administrar uma empresa e avaliar investimentos.

Quem sou eu e por que escrevi este livro?

Eu sou o professor Flávio Moita, sou engenheiro e especialista em Educação a Distância. Venho produzindo conteúdos para essa modalidade de ensino, como apostilas, livros, vídeos e ambientes de aprendizagem online desde 2008.

Também possuo um canal no youtube, criado em 2010, que hoje (setembro de 2019) conta com mais de 300 vídeos com solução de estudos de caso utilizando métodos quantitativos. Link do meu canal no Youtube: youtube.com/flaviomoita.

Desenvolvi este livro para ajudar empreendedores, administradores, estudantes e até professores, a entender o processo de decisão de investimento e utilizar de maneira mais simples as cinco principais ferramentas utilizadas pelas profissionais da área financeira para análise de investimento. A ideia foi desenvolver um conteúdo condensado e de fácil entendimento, mesmo para aqueles empreendedores que nunca tenham tido contato com a administração financeira.

Procurei tornar esse aprendizado o mais simples e completo possível, dentro dos limites de conteúdo e técnicas de ensino disponíveis atualmente.

Para quem é indicado o livro?

O livro é especialmente indicado para gestores, empreendedores e estudantes das áreas financeira, de custos, produção ou marketing, que precisam tomar decisões de investimento no seu exercício profissional.

Se você é professor em disciplinas da graduação, ou até mesmo da pós-graduação, nos cursos de ciências contábeis, economia, administração de empresas e engenharia de produção, este livro também pode servir de literatura complementar prática para suas aulas.

Como você pode ver, o livro "Análise de Investimentos Fácil: as 5 técnicas mais utilizadas pelos administradores financeiros para avaliar investimentos", em especial pela sua abordagem direta e prática, pode ajudar uma grande quantidade de profissionais e situações dentro das organizações.

A maioria dos temas discutidos e apresentados neste livro normalmente são vistos através de uma abordagem técnica e de difícil entendimento, principalmente para empreendedores e gestores.

Se você for tentar aprender o conteúdo deste livro nos livros tradicionais de finanças empresariais, isso vai lhe exigir uma grande quantidade de tempo e orientação especializada.

Portanto, ao final da leitura e estudo do conteúdo deste livro você certamente vai estar melhor preparado para tomar decisões investimento dentro de um contexto empresarial.

Indicação complementar

Como complemento ao conteúdo deste livro, recomendo também que você veja esse meu outro livro:

Link: https://www.amazon.com.br/dp/B07VQW9211

No livro você vai aprender a avaliar e aumentar seus resultados através de aplicações práticas do custeio direto.

O livro "Custeio Direto: Aplicações Práticas Para Decisões Operacionais" vai lhe ajudar a avaliar situações de decisões operacionais de forma a melhorar suas decisões de preço de venda, lucro, risco e custo. Nele você vai encontrar problemas para resolver situações como:

- Quanto tenho que vender para um determinado lucro?
- Qual o preço de venda para obter um determinado lucro?
- Até quanto posso reduzir meu faturamento para manter lucro?
- Qual o impacto da variação do volume de vendas no lucro?
- Quais as consequências da variação nos custos fixos para o lucro?

- Quais as consequências da variação nos custos fixos para o ponto de equilíbrio?
- O que aconteceria com o lucro se reduzíssemos o custo variável unitário do produto?
- O que aconteceria com o ponto de equilíbrio a partir de uma variação no custo variável unitário?
- O que aconteceria com o lucro no caso de um aumento ou redução no preço de venda?
- Qual impacto no ponto de equilíbrio a partir de uma variação no preço de venda?
- Se eu reduzir o preço de venda para vender mais vou lucrar mais?
- Se aumentássemos o custo para melhorar a qualidade do produto, quanto teríamos que aumentar o preço ou o volume comercializado?

Vamos ao livro

Agora que você já sabe tudo que vai encontrar e aprender com este livro, vamos ao nosso conteúdo.

Espero que o conteúdo desse este material contribua de alguma forma com seu estudo e aprimoramento profissional nesse tema, que é de extrema relevância para administradores, empreendedores e tomadores de decisão nas empresas.

Muito obrigado!

Bom estudo!
Prof. Flávio Moita

SUMÁRIO

13

Introdução

O investimento em um novo negócio, a sua instalação, funcionamento e manutenção exige recursos financeiros que precisam ser avaliados com muito cuidado.

O funcionamento de qualquer empresa necessita de uma constante avaliação dos recursos investidos de modo a tornar o empreendimento economicamente viável e financeiramente sustentável.

As máquinas e equipamentos precisam ser reparados, e eventualmente trocados. A estrutura física da empresa precisa de manutenção e constantes trocas de instalações e sistemas.

Você como empreendedor, ou gestor, deve ter muita atenção na hora de avaliar investimentos, pois o impacto de uma decisão mal feita pode durar muitos anos, afetar os resultados e fluxo de caixa e até comprometer o futuro da empresa.

O administrador não tem como escapar da tomada de decisão de investimento, pois isso faz parte do funcionamento das organizações.

Além do investimento inicial e da manutenção de suas operações, o gestor também deve avaliar constantemente investimentos na busca de melhorias operacionais, de novos mercados e produtos.

Uma empresa que não busca novos mercados ou produtos tende a perder competitividade ao longo dos anos. Em um ambiente extremamente competitivo, isso pode inclusive levar a empresa a ser superada pelos seus concorrentes.

Veja os exemplos das grandes empresas que, apesar de já possuírem produtos ou serviços bem estabelecidos, estão em constante desenvolvimento de novos produtos e de melhorias nos seus processos visando manter-se competitiva e atrair cada vez mais compradores.

Complementando isso, os produtos, assim como as organizações passam por estágios de vida que vão desde a introdução no mercado, o seu desenvolvimento e crescimento até a fase de maturidade e declínio. É o que chamamos de ciclo de vida dos produtos e das organizações. Essa necessidade de crescimento faz parte do jogo competitivo, exigindo sempre cada vez mais investimento em melhorias e novos produtos. O problema é que todo investimento deve ter retorno compatível com o custo do dinheiro e com as expectativas de retorno dos sócios.

Ninguém vai empreender ou investir sem a expectativa de retorno compatível com o nível de risco envolvido, não é verdade?

Além disso, o processo da análise de investimento envolve uma série de etapas que, em última instância, leva a uma decisão de investir ou não investir.

Em cada decisão você deve avaliar perguntas do tipo:

Qual o investimento necessário?

Possuo capital para fazer o investimento?

Quais fontes de recursos posso conseguir para investir?

Quanto me custa esses recursos?

O investimento vai se pagar, vou retornar o valor investido?

Quanto tempo vai levar para o investimento feito retorne para o caixa da empresa?

O retorno obtido vai aumentar minha riqueza ou a riqueza dos sócios?

Será que existem outras alternativas melhores que as que eu estou avaliando?

São muitas informações que precisam ser levantadas e avaliadas. Isso acaba necessitando de conhecimento, tanto no objeto do investimento como no próprio processo de avaliação financeira.

Não são perguntas fáceis de se responder, principalmente para empreendedores que costumam ter baixo grau de confianças nas projeções de receitas e custos.

A projeção de investimento, de receitas e de custos ao longo do tempo são elementos fundamentais para a análise de investimento.

Além disso devemos considerar que o dinheiro ao longo do tempo perde valor, e possui custo de oportunidade.

Assim, antes de entrarmos efetivamente nos métodos de análise de investimento, acho que vale a pena revisarmos o conceito do valor do dinheiro no tempo e do custo do dinheiro, pois ele vai servir de referência para nossas avaliações posteriores.

A seguir, você vai acompanhar inicialmente uma apresentação do conceito do valor do dinheiro no tempo e depois do custo do dinheiro.

Depois entraremos nas 5 técnicas mais utilizadas para avaliar os investimentos de capital.

Iniciamos com o payback simples e payback descontado. Depois você vai ver o valor presente líquido (VPL), a taxa interna de retorno (TIR) e a taxa interna de retorno modificada (TIRM).

Vamos ver cada uma delas através de apresentação dos conceitos fundamentais, exercícios resolvidos passo a passo com fórmulas, na calculadora hp-12c e no excel.

Ao final de cada técnica você vai ver os critérios de avaliação e classificação. Também apresentamos exercícios propostos para cada técnica, com solução através de vídeos passo a passo.

Desta forma, Iniciamos a seguir com o estudo do conceitos de valor do dinheiro no tempo e depois de custo de capital.

O valor do dinheiro no tempo

Para você entender perfeitamente a análise de investimento é imprescindível o conhecimento de alguns conceitos financeiros básicos.

O entendimento do valor do dinheiro no tempo é um dos mais fundamentais. A área da matemática aplicada que estuda esse conceito é a chamada matemática financeira, que tem como principal objetivo estudar as aplicações do valor do dinheiro no tempo em decisões financeiras.

Quando falamos em decisões financeiras de investimento estamos falando de fluxos de dinheiro que envolvem, além do próprio investimento inicial, a projeção de receitas, custos e despesas ao longo de um período de tempo planejado para o funcionamento do investimento.

Se você vai comprar uma máquina, por exemplo, ela vai envolver um investimento inicial na compra do equipamento, na confecção dos moldes, na sua instalação, nos sistemas de suporte, no treinamento de funcionários e no capital de giro necessário para o seu funcionamento.

Ao longo do tempo a máquina vai produzir produtos que serão vendidos e gerar receitas e custos associados a essa produção. Além disso a instalação da máquina vai exigir todo uma estrutura administrativa, comercial e de distribuição que também gera gastos que precisam ser projetados ao longo do tempo.

Quando vamos avaliar investimentos também precisamos levar em conta que o poder de compra da moeda diminui com o tempo.

Essa perda de valor com o tempo é reflexo do que os economistas chamam de inflação, o que é basicamente o aumento de preços nos produtos e serviços.

Além da inflação existem outros fatores que fazem com que o dinheiro perca valor ao longo do tempo.

Se você tem R$ 1.00,000 hoje, por exemplo, você pode fazer alguma aplicação financeira com ele. Isso pode fazer com que esses R$ 1.000,00 gerem juros ao longo do tempo.

Por exemplo, R$ 1000 daqui um ano em uma aplicação que gere 6% ao ano vai se transformar em R$ 1.060,00.

A possibilidade que você tem de fazer aplicação do dinheiro investido também pode ser considerado um custo, nós chamamos este gasto de custo de oportunidade.

Outro fator que você deve levar em conta é o custo de capital. Ele é o custo médio do dinheiro que a empresa obtém junto aos seus sócios e terceiros.

Quando a empresa faz um empréstimo ou financiamento, por exemplo, ela vai ter que pagar juros e correção monetária.

Quando um sócio investe na empresa ele está buscando um rendimento um retorno superior a alguma outra alternativa.

O retorno que os sócios desejam para os investimentos feitos pela empresa, chamamos de custo de capital próprio. Os recursos obtidos fora da empresa chamamos de capital de terceiros.

Essas duas fontes de recursos, e seus custos financeiros, devem ser levados em conta na avaliação dos investimentos. Além disso, também temos a questão do risco do investimento, quanto tratamos de valor de dinheiro no tempo não temos como avaliar completamente um investimento sem levar em conta o risco associado aos erros nas previsões de entradas e saídas de recursos.

Temos então basicamente esses cinco fatores que influenciam o valor do dinheiro do tempo:

1. A perda de valor em virtude da inflação;
2. A possibilidade de aplicação dos recursos, custo de oportunidade;
3. O custo do dinheiro vindo de capitais de terceiros;
4. O custo do dinheiro aplicado pelos sócios; e
5. O risco associado a previsões futuras de fluxo de caixa.

Tudo isso faz com que R$ 1.000,00 hoje não seja a mesma coisa que R$ 1.000,00 daqui a um ano.

Na matemática financeira temos duas abordagens básicas para lidar com a atualização e descontos de fluxos de caixa ao longo do tempo.

O regime de juros simples e o regime de juros compostos.

A diferença entre essas duas modalidades de juros está basicamente no comportamento da capitalização do juros acumulados e da aplicação da taxa de juros.

No regime de juros simples, a taxa de juros incide somente sobre o valor original da aplicação, gerando juros de valor igual ao longo de todo o período de aplicação. No regime de juros simples temos um crescimento linear do saldo da aplicação ou do financiamento.

Nos juros compostos temos um comportamento diferente, a taxa de juros compostos incide sobre o valor aplicado e sobre todos os juros acumulados. É o efeito que chamamos na prática de "juros sobre juros". Esse efeito faz com que o saldo de uma aplicação ou de um financiamento cresça de forma exponencial.

Apesar da existência dessas duas modalidade para se lidar com o valor do dinheiro no tempo, na prática comercial, financeira e bancária a grande maioria das operações ocorre utilizando o regime de juros compostos.

Assim vamos nos concentrar neste livro ao estudo do juros compostos.

Juros compostos

Para você entender melhor o efeito dos juros compostos nos fluxos de caixa vamos avaliar uma situação prática de aplicação financeira.

Digamos que você tenha aplicado R$ 1.000,00 por três meses. A taxa de juros compostos incidente na aplicação foi de 1% ao mês.

Acompanhe comigo mês a mês o saldo da aplicação utilizando os juros compostos.

Ao final do primeiro mês você irá ganhar 1% de juros sobre o valor aplicado.

Valor dos juros = 1% de R$ 1.000,00 que é igual a R$ 10,00.

Assim, ao final do primeiro mês você terá um montante de R$ 1.000,00 da aplicação original, somado ao juro do rendimento da aplicação que foi R$ 10,00.

Teremos então R$ 1010,00 ao final do primeiro mês de aplicação.

No final do segundo mês você irá receber novamente 1% de juros compostos.

Se fosse no regime de juros simples esses 1% seriam sobre o valor original de R$ 1.000,00.

Já nos juros compostos, que é o nosso caso dessa aplicação, a taxa de juros vai ser sobre o saldo do final do primeiro mês, que foi R$ 1.010,00.

Então no segundo mês você vai obter juros de 1% de R$ 1.010,00.

Juros do segundo mês= 1% de R$ 1.010,00 = R$ 10,10.

Ao final do segundo mês você vai ter R$ 1.010,00 + R$ 10,10 = R$ 1.020,10.

Veja que o juro e você obteve no segundo mês foi maior do que o juros do primeiro mês. No primeiro mês você ganhou R$ 10,00 de juros e no segundo R$ 10,10.

Tudo bem, ao final do segundo mês você vai ter saldo de aplicação de R$1.020,10. E aí teremos mais um mês de aplicação, que é o terceiro e o último mês.

Seguindo o mesmo procedimento, ao final do terceiro mês você terá uma aplicação de juros de 1% incidente sobre o saldo do mês 2 que foi de R$1.020,10.

Juros do terceiro mês= 1% de R$1020,10 = R$10,201.

Assim, os juros do terceiro mês serão de R$10,20.

Ao final do terceiro mês o saldo total de aplicação será de R$ 1.020,10 mais R$10,20 que é igual a R$ 1.030,30.

Perceba que no terceiro mês teremos também um aumento no valor dos juros recebidos em relação ao primeiro e segundo mês. No primeiro mês os juros foram de R$ 10,00, no segundo mês foi R$ 10,10 e no terceiro mês R$ 10,30.

Resumindo todos esses cálculos teremos:

Mês	Saldo inicial	juros	saldo final
0	R$ 1.000,00	R$ 0,00	R$ 1.000,00
1	R$ 1.000,00	R$ 10,00	R$ 1.010,00
2	R$ 1.010,00	R$ 10,10	R$ 1.020,10
3	R$ 1.020,10	R$ 10,20	R$ 1.030,30

Esse é exatamente esse o efeito dos juros sobre juros. Um aumento no valor dos juros a cada nova aplicação da taxa de juros compostos.

No longo prazo, principalmente à taxas de juros elevadas, isso faz com que saldo final aumente de forma exponencial.

Perda ou ganho de valor ao longo do tempo

O primeiro efeito que você pode ver dos juros compostos ao longo do tempo é a partir de uma aplicação, como foi visto no exemplo anterior.

Se o rendimento recebido pela aplicação financeira for maior que a inflação do mesmo período, seu poder de compra a partir da aplicação original vai aumentar. Caso contrário teremos um menor poder de compra e perda no investimento.

No caso anterior aplicamos a uma taxa de 1% ao mês, se a infração do período for de 0,5% ao mês nosso poder de compra irá aumentar. Se a infração for superior a 1% iremos comprar cada vez menos produtos com o valor aplicado e perderemos poder de compra.

Ou seja, se você fizer um investimento qualquer que renda menos que a inflação do período, ou que o custo de capital na empresa, logicamente esse investimento não é viável pois irá diminuir seu valor real ao longo do tempo.

Vamos supor por exemplo que você faça um investimento de R$ 5.000,00 em uma aplicação financeira que renda 2% ao mês por 3 meses. Digamos ainda que a inflação no período foi de 0,5% ao mês. Qual será o rendimento líquido da aplicação?

Ou seja, queremos saber quanto de valor essa aplicação gerou após o desconto da inflação.

Para avaliarmos essa situação vamos inicialmente fazer aplicação dos R$ 5.000,00 da mesma forma que nós fizemos com exemplo anterior.

Fazendo de forma direta teremos:

Mês	Saldo inicial	juros	saldo final
0	R$ 5.000,00	R$ 0,00	R$ 5.000,00
1	R$ 5.000,00	R$ 100,00	R$ 5.100,00
2	R$ 5.100,00	R$ 102,00	R$ 5.202,00
3	R$ 5.202,00	R$ 104,04	R$ 5.306,04

Assim, ao final de 3 meses você vai ter um saldo de R$ 5.306,04 reais.

Quanto foi o percentual de rendimento desse investimento?

Para fazer o cálculo do percentual de rendimento basta você dividir o valor que você ganhou de juros, que é subtração do valor final menos inicial, pelo valor investido. Se quiser o resultado na forma de porcentagem, basta multiplicar esse resultado por 100.

Neste caso temos uma soma total de juros ganhos de R$ 306,04 (R$ 5.306,04 - R$ 5.000,00). Se dividirmos esse valor pelo investimento de R$ 5.000, que foi o valor aplicado, e depois multiplicarmos por 100 teremos um percentual de rendimento de:

Taxa de rendimento = (306,04/5000)*100 = 6,12% no período.

Mas será que o seu poder de compra, a sua capacidade de comprar os produtos ou serviços, aumentou em 6,2%?

Dito de outra forma você, será que você aumentou efetivamente o valor investido em 6,12%?

Como no período teve inflação de 0,5% ao mês, é claro que esse ganho não é real. Não é verdade?

Tudo bem, mas como você vai encontrar o aumento efetivo de valor desse investimento?

A primeira coisa que a gente tem que fazer é avaliar quanto iria valer R$ 5.000,00 daqui a três meses caso ele fosse aplicado exatamente a uma taxa igual à da inflação. Para isso vamos fazer a mesma tabela agora com 0,5% ao mês, veja a tabela abaixo:

Mês	Saldo inicial	juros	saldo final
0	R$ 5.000,00	R$ 0,00	R$ 5.000,00
1	R$ 5.000,00	R$ 25,00	R$ 5.025,00
2	R$ 5.025,00	R$ 25,13	R$ 5.050,13
3	R$ 5.050,13	R$ 25,25	R$ 5.075,38

Fazendo o mesmo procedimento anterior teríamos então um saldo de R$ 5.075,38,

Mas o que é que esse valor de R$ 5.075,38 significa?

Isso significa que, para você não ter nenhum ganho ou perda na aplicação dos R$ 5.000,00, você teria que ter ao final dos três meses o valor de R$ 5.075,38

Então o seu ganho real foi de apenas a diferença desse valor e o que você obteve na aplicação de 2%, ou seja:

O ganho real é igual a R$5.306,04 - R$ 5.075,38 = R$230,66.

Em termos percentuais quanto seria o percentual de ganho real?

Agora basta a gente dividir R$230,66 por R$ 5.075,38 e depois multiplicar por 100.

Taxa de rendimento real = (230,66/5.075,38)*100 = 4,54%

Podemos concluir que, para acharmos um ganho real de um investimento, precisamos levar em conta não somente a taxa de retorno obtida por esse investimento, como também a inflação do período.

Tem muita gente que faz esse cálculo de uma maneira direta por exemplo, neste caso temos 2% ao mês e 0,5% ao mês de inflação.

Uma pessoa leiga em matemática financeira iria fazer a diminuição dessas duas taxas 2 - 0,5 que dá 1 e meio.

Esse procedimento está errado, veja que se fizermos o mesmo procedimento anterior usando um 1,5 por cento teríamos:

Mês	Saldo inicial	juros	saldo final
0	R$ 5.000,00	R$ 0,00	R$ 5.000,00
1	R$ 5.000,00	R$ 75,00	R$ 5.075,00
2	R$ 5.075,00	R$ 76,13	R$ 5.151,13
3	R$ 5.151,13	R$ 77,27	R$ 5.228,39

O que daria é uma taxa de rendimento de 4,57%:

Taxa de rendimento real = (228,39/5000,00)*100 = 4,57%

Aí você poderia me dizer poxa mas a diferença é muito muito pequena de 4,54% para 4,57%.

É verdade a diferença é pequena porque a taxa de inflação é baixa e o número de períodos também.

Mas se a taxa de inflação fosse maior, e ao invés de 3 meses fossem 36 meses, por exemplo, essa diferença seria muito grande, o que poderia comprometer a análise dos resultados financeiros de investimentos e financiamentos.

Juros pagos

Tudo bem, até aqui estamos estudando o efeito da inflação nos investimentos. Mas será que esse efeito também é válido no juros pagos ou no custo de capital de terceiros.

As empresas financiam seus investimentos com capitais próprios e capitais de terceiros. Como conversamos anteriormente, essas fontes de financiamento precisam ser remuneradas.

O capital próprio é remunerado através do aumento do valor da empresa e da distribuição de dividendos.

O capital de terceiros, dos financiamentos e empréstimo, é remunerado através dos juros sobre a dívida, que é estabelecido através de contratos e garantias.

Nos custos dos juros pagos pelo capital de terceiros também teremos o efeito do juros compostos ao longo do tempo.

Por exemplo, suponha que você tenha obtido um empréstimo em um banco no valor de R$ 50.000,00. Você vai pagar daqui a três anos. No contrato de empréstimo ficou acertado que a dívida iria ser corrigida a juros de 22% ao ano.

Suponha também que a inflação desses três anos tenha sido em média de 10% ao ano. Quanto efetivamente você pagou descontando a inflação do período?

Agora que você já sabe fazer o cálculo do juros gerados pela aplicação fica muito fácil não é verdade?

Basta corrigir às duas taxas e encontrar a diferença entre os resultados, como feito no exemplo anterior.

Assim, R$ 50.000,00 corrigido a uma taxa de juros de 22% vai se transformar em R$ R$ 90.792,40 no final do terceiro ano.

Veja a tabela abaixo:

Mês	Saldo inicial	juros	saldo final
0	R$ 50.000,00	R$ 0,00	R$ 50.000,00
1	R$ 50.000,00	R$ 11.000,00	R$ 61.000,00
2	R$ 61.000,00	R$ 13.420,00	R$ 74.420,00
3	R$ 74.420,00	R$ 16.372,40	R$ 90.792,40

Se você tivesse aplicado esses R$ 50.000,00 pela inflação de 10% ao ano, ao final do 3º ano você teria R$ 66.550,00, veja essa segunda tabela.

Mês	Saldo inicial	juros	saldo final
0	R$ 50.000,00	R$ 0,00	R$ 50.000,00
1	R$ 50.000,00	R$ 5.000,00	R$ 55.000,00
2	R$ 55.000,00	R$ 5.500,00	R$ 60.500,00
3	R$ 60.500,00	R$ 6.050,00	R$ 66.550,00

O custo efetivo do dinheiro emprestado, desconsiderando a inflação do período não é 22%.

Para você calcular esse custo real terá que fazer o mesmo procedimento que nós fizemos anteriormente.

O que foi pago acima da Inflação foi de R$90.792,40 - R$66.550,00 = R$24.242,40.

Dividindo esse valor pelo valor corrigido teremos o custo efetivo do financiamento:

Custo efetivo do financiamento = (R$24.242,40 / R$66.550,00)*100 = 36,43 % no período.

Assim você pode considerar um custo efetivo de 36,46% no período.

De tudo que foi visto até agora, podemos chegar a conclusão que tanto na aplicação quanto no financiamento precisamos levar em conta a inflação e o valor do dinheiro no tempo.

No caso da aplicação devemos descontar a inflação para ver o ganho real.

No caso de um financiamento, que entraria na análise de investimento como o custo de capital, devemos considerar que o custo efetivo deve ser descontado da inflação.

Aprendizado do capítulo

- Entender a importância e os impactos do valor do dinheiro no tempo nos investimentos e financiamentos;
- Saber diferenciar os dois tipos de regime de juros: juros simples e juros compostos.
- Entender o funcionamento básico do mecanismo de cálculo dos juros compostos;
- Fazer o cálculo dos ganhos reais de uma aplicação, acima da inflação nos juros compostos; e
- Fazer o cálculo do custo real, acima da inflação, de um financiamento.

No próximo capítulo nós vamos conversar um pouco sobre o custo do dinheiro, que é quanto você deve exigir de retorno financeiro dos investimentos feitos.

O custo do dinheiro

Quanto custa o seu dinheiro?

Se você for uma assalariado, por exemplo, você sabe quanto custa para ganhar o seu dinheiro em termos de tempo de trabalho não é verdade.

Basta você dividir o que você recebe por mês pelo número de horas que você trabalhou naquele mês. Assim você vai saber quanto custa para você gerar dinheiro para pagar seus compromissos, para pagar seus gastos, em termos de hora de trabalho.

Se você ganha R$ 2.200,00 por mês, por exemplo, e trabalha 220 horas por mês, então sua hora de trabalho custa R$ 100,00 (2200/220). Para você ganhar R$ 100,00 você precisa trabalhar 1 hora.

Digamos, porém, que você, ao longo de um ano, tenha economizado R$ 5.000,00. Partindo da ideia de que a cada R$ 100,00 lhe custa 1 hora de trabalho, então para você economizar esses R$ 5.000,00 você teve que trabalhar 50 horas.

Tudo bem, e agora quanto vai lhe custar esse dinheiro daqui para frente?

Para responder a essa pergunta é preciso avaliar as alternativas que você tem para investir a economia que você fez.

Você pode, por exemplo, aplicar na caderneta de poupança, o que vai lhe render em média 0,5% ao mês. Esse seria seu custo de oportunidade.

Caso alguém lhe ofereça algum outro investimento, ele teria que ter um rendimento superior a 0,5%, pois é seu custo de oportunidade de investimento.

Mas no caso de uma empresa, onde existem várias fontes de recursos, como poderíamos avaliar isso?

O estudo do custo do dinheiro em finanças, das diversas fontes disponíveis, é o que chamamos de estudo da estrutura de capital. Que é basicamente a combinação de recursos próprios, investidos pelos sócios ou acionistas, e recursos de terceiros.

O Ideal é que a empresa obtenha um equilíbrio nessa combinação de recursos próprios e de terceiros de forma a minimizar o custo do capital, o custo do dinheiro.

Quanto menor for o custo do dinheiro para empresa, mais projetos serão aprovados, e ela terá condição gerar mais valor para os sócios ou acionistas e de crescer mais rapidamente.

Veja como é importante o custo do dinheiro. Vamos então avaliar mais detalhadamente os recursos próprios e de terceiros.

Recursos próprios

Imagine que você tenha acumulado ao longo dos anos, tenha recebido uma herança, ou até mesmo tenha ganho um prêmio na loteria esportiva ou alguma bonificação no seu trabalho.

Logicamente você vai querer aplicar esses recursos para manter o poder de compra e aumentar seu patrimônio, não é verdade?

Em qual investimento você vai colocar seu dinheiro. Quanto você vai exigir de rentabilidade nos investimentos?

De tudo que conversamos até agora, acredito que você já saiba que é necessário que o rendimento seja superior a inflação. Logo, é natural que você aplique esses recursos de forma a fazer com que ele gere algum rendimento acima da perda de valor da moeda.

O problema é que todo investimento possui algum risco associado. Se você compra um imóvel para alugar, pode ser que ele fique sem rendimento em períodos de recessão econômica, além do que ele pode perder valor com o tempo e gerar gastos com impostos, condomínios, cotas extra e manutenção.

Se você investe em ações de empresas, elas podem aumentar de valor ou diminuir, o que também está associado ao risco da economia, da empresa e do setor.

Se você investe na caderneta de poupança, além do rendimento ser muito baixo, pode acontecer que em alguns períodos a taxa de retorno seja menor que a inflação.

Por outro lado a aplicação em poupança e principalmente em títulos públicos federais são os investimentos com menor risco do mercado, por isso são referência para investimentos livre de risco.

Por outro lado, se você investe em algum negócio próprio, você pode ganhar muito dinheiro, mas também pode perder tudo que guardou. O risco em negócios próprios sempre é muito elevado, exigindo portanto retornos muito maiores que os outros investimentos.

Assim, observando pela perspectiva da empresa, as fontes de recursos próprios, que assumem de certa forma o risco do negócio, é sempre mais cara que os recursos de terceiros.

Se coloque na posição de um investidor. Na hora que você vai fazer um investimento em uma empresa, seja comprando ações na empresa, ou investindo diretamente no negócio, quanto você vai exigir de retorno?

Pensarmos apenas pela lógica financeira, você terá que exigir muito mais que qualquer aplicação, não é verdade. Em especial se compararmos com o menor risco das aplicações prefixadas, onde você já sabe o resultado que você vai obter ao final da aplicação, como os certificados de depósito bancários (CDBs), por exemplo.

Isso acontece porque uma empresa ou um investimento em renda variável pode dar lucro ou gerar um retorno menor do que o planejado, ou até mesmo prejuízo. Você não tem como ter certeza dos resultados nesse tipo de investimento.

O problema do investimento em empresas é que se der prejuízo você não tem a quem recorrer. No momento que você faz este tipo de investimento você já está sabendo que o risco de não gerar retorno é dos sócios ou acionistas.

Como consequência, em termos financeiros, o capital próprio precisa ser pago pelo risco que ele absorve ao investir na empresa.

A taxa livre de risco

Tudo bem, você já sabe que o capital próprio precisa ser melhor remunerado pelo risco assumido.

Mas qual o valor de referência mínimo da economia, ou seja qual a taxa de rendimento econômico onde temos risco próximo de zero?

Na prática dos investimentos os títulos públicos federais normalmente são considerados investimentos livre de risco. A taxa média de rendimento dos títulos títulos públicos federais são um balizador para todos os outros retornos.

Dito de outra forma, é possível afirmar, de maneira simplificada, que qualquer investimento com retorno esperado acima dessa taxa terá risco associado. Na verdade quanto maior o risco maiores serão as taxas exigidas pelos investidores.

Aqui no Brasil a taxa média de rentabilidade dos títulos públicos é a chamada taxa SELIC.

Ela é uma referência para a estipulação de custos de capitais e de rentabilidades exigidas nos negócios.

Quanto maior a taxa SELIC, maiores serão os retornos exigidos dos investimentos no país. Na prática, quando a taxa SELIC fica menor, mais projetos de investimentos serão aprovados.

O contrário também é verdadeiro. Se a taxa Selic sobe, a tendência é que uma quantidade menor de projetos de investimento sejam aprovados. Essa é uma realidade econômica que o governo, as empresas e os investidores precisam lidar constantemente.

Está certo, mas será que existe alguma situação em que você aceitaria obter retorno menor que a SELIC ou até mesmo prejuízo?

Apesar de ser um desejo de todos os investidores retornos superior ao de mercado, existem outros fatores que também devem ser levados em conta.

Em alguns casos o investidor ou a empresa podem assumir uma perda ou um retorno muito inferior.

Alguns investimento servem apenas para melhorar a imagem da empresa ou é muito difícil medir o retorno.

Por exemplo, você saberia medir o retorno para empresa, em termos financeiros, do treinamento de funcionários?

Certamente você sabe que, quanto mais você investe em treinamento e capacitação de pessoal melhor será o funcionamento do negócio e o atendimento dos seus clientes. Porém é muito difícil medir essa relação.

Em outras situações, a empresa pode ter investimentos que são obrigações legais. Como por exemplo o investimento em redução de impactos ambientais, ou em implementação de medidas medidas de higiene e segurança no trabalho. Nesses casos, a empresa precisa fazer, mesmo sem retorno do investimento.

Além de tudo existem os aspectos estratégico do negócio. Alguns produtos podem ser vendidos com baixo retorno para obter ganhos indiretos, ou com a fidelização dos clientes.

Você pode baixar o preço da bebida em um bar para ganhar mais com o tira gosto, por exemplo.

Tudo isso nos leva a concluir que é difícil mensurar essa expectativa do custo de capital próprio. Cada negócio, cada tipo de investimento vai ter um risco associado e um custo de capital próprio diferente.

Mas antes de passarmos para o custo de capital de terceiros vamos conversar um pouco sobre o custo de oportunidade.

Custo de oportunidade

Outro fator muito importante relacionado ao custo de capital é o que chamamos de custo oportunidade.

Para você entender melhor, imagine a seguinte situação.

Você tem um ponto comercial na sua casa e deseja fazer um investimento em um negócio, digamos um comércio.

Como o ponto é próprio, você vai considerar no custo do negócio o aluguel que você está deixando de obter?

Claro que sim, não é verdade. Mesmo que não seja uma saída de dinheiro, ou seja um gasto para empresa, o aluguel que você está deixando de obter precisa ser recuperado.

Afinal se você não investisse no negócio possivelmente estaria obtendo alguma renda pelo ponto comercial.

É exatamente isso que chamamos de custo oportunidade. São custos que não apresentam efetivamente saídas de recursos. Existe apenas uma expectativa de entrada de caixa que não vai acontecer em função do investimento. É o custo de deixar de fazer.

Um exemplo muito utilizado para explicar o custo de oportunidade é a compra de um veículo. Vamos supor que você tenha comprado um carro no valor de R$ 50.000,00 à vista.

Este carro vai lhe gerar custos de combustível, manutenção, seguros e impostos não é verdade?

Como você comprou o carro a vista, é preciso que você considere, além desses custos, o custo de oportunidade do investimento. Esses R$ 50.000,00 poderiam estar gerando algum rendimento, não é verdade?

Digamos que você tirou o dinheiro de uma aplicação que estava tendo um rendimento médio de 0,8% ao mês. Neste caso você teria um custo de oportunidade de R$ 400,00 (0,8% de R$ 50.000,00).

Vejamos um outro exemplo. Vamos supor que ao invés de você comprar o carro, você resolveu investir em ações de uma empresa e que após 1 mês você vendeu as ações o recebeu R$ 52.000,00 líquido.

Quanto foi seu retorno? foi de R$ 2.000,00?

Agora você já sabe que não, não é verdade?

Se você tinha uma oportunidade de ganhar R$ 400,00 por mês na aplicação com baixo risco, digamos que seja em títulos públicos, então seu rendimento efetivo foi de R$ 1.600,00.

Estes R$ 1.600,00 foi o seu prêmio pelo risco que correu ao investir nas ações. Os R$ 400,00 foram seu custo de oportunidade.

Agora que você ja entendeu o que é custo de oportunidade, vamos avaliar agora os recursos de terceiros.

Recursos de terceiros

O capital total da empresa, representado pelo seu passivo, é composto de capital próprio, que são os recursos investidos e acumulados pelos sócios ou acionistas, e pelo capital de terceiros, que são recursos externos a empresa, que usualmente envolvem a contratação de empréstimos ou financiamentos.

Normalmente os recursos de terceiros tem como origem as instituições financeiras, no caso de financiamento e empréstimos, ou de fontes não geram gastos, como prazo de impostos do governo, ou até mesmo fornecedores que vendem a prazo para empresa.

Normalmente, a maioria dos recursos de terceiros são obtidos a partir de contratos de financiamento, ou empréstimo, onde se tem estipulado em contrato quanto efetivamente a empresa vai pagar por esses recursos.

Portanto, a identificação do custo de capital de terceiros é bem mais simples do que o capital próprio. Na medida que você pode saber, pesquisar e negociar o custos desses recursos diretamente com as instituições de crédito.

Logicamente, se você tiver várias fontes de recursos de terceiros você tem que ponderar pela quantidade desses recursos para encontrar um custo médio ponderado dos capitais de terceiros.

Por exemplo, se você contratou um financiamento de R$ 100.000,00 a uma taxa de 10% ao ano e outro no valor de R$ 50.000 uma taxa de 20% ao ano, o custo de capital de terceiros não vai ser a média simples entre 10% e 20%.

Nesse exemplo para calcular o custo de capital de terceiros teria que calcular a média ponderada pelo volume desses dois financiamentos, matematicamente seria:

Custo ponderado de capital de terceiros = (100000*10% + 50000*20%) /(100000+50000)

Custo ponderado de capital de terceiros = (10000 + 10000) /150000

Custo ponderado de capital de terceiros = 20000 /150000

Custo ponderado de capital de terceiros = 0,1333 = 13,33%

Assim, fazendo essa ponderação pelo volume de recursos de capital de terceiros teremos um custo médio ponderado de capital de terceiros de 13,33%. Só para comparar, a média simples entre 10% 20% é 15%.

E para encontrar o custo de capital de todos os recursos da empresa, próprios e de terceiros, como podemos fazer?

Custo médio ponderado de capital

Para calcularmos o custo de capital de todos os recursos da empresa, precisamos fazer o mesmo procedimento anterior, sendo que agora iremos ponderar todas as fontes, com seus respectivos custos, pelo volume de cada uma delas.

Chamamos esse custo de custo médio ponderado de capital, em inglês esse custo é chamado de WACC (*Weighted Average Capital Cost*).

Este custo é um dos principais parâmetros para análise de investimento. Todos os investimentos para serem viáveis precisam gerar retorno superior ao WACC.

Mas como calculamos o WACC?

Matematicamente ele é uma média ponderada dos recursos, custos e volume dos capitais próprios e de terceiros. Em uma análise gerencial é possível também você incluir custos de oportunidade.

Para o cálculo do custo médio ponderado de capital, especialmente em grandes empresas, existe um fator interessante que precisa ser levado em conta. Para empresas de grande porte que possuem uma contabilidade com apuração pelo lucro real o custo do juros dos financiamentos e empréstimos pode ser descontado antes do cálculo do Imposto de Renda.

Isso significa que, para este tipo de empresa, o custos efetivo dos financiamentos é um pouco menor que o contratado.

Para empresas menores, aquelas optantes pelo simples, ou até mesmo pelo lucro presumido, essa redução não vai acontecer.

Eu vou mostrar aqui para você uma situação bastante simples onde nós temos os recursos de terceiros e próprios sem levar em conta esse efeito da redução proporcionada pelos juros no imposto de renda.

Ao final desta unidade eu vou indicar para você um vídeo no meu canal onde apresentamos mais detalhadamente outras situação de cálculo do WACC.

Vamos lá, imagine que você tenha a seguinte composição na estrutura de capital de uma empresa pequena de pequeno porte:

Fonte	Total	Custo
Financiamento 1	R$ 30.000,00	20%
Financiamento 2	R$ 50.000,00	22%
Capital próprio	R$ 100.000,00	28%
Total	R$ 180.000,00	

A empresa possui R$ 180.000,00 de capital total, sendo R$ 100.000,00 de capital próprio, que foi o capital investido pelos sócios e dos lucros acumulados que foram incorporados ao capital ao longo do tempo. Digamos que os sócios desejam obter no mínimo 28% ao ano para compensar o risco no investimento.

O restante dos investimentos da empresa foram financiados por capitais de terceiros. Sendo compostos de dois financiamentos. O primeiro de R$ 30.000,00 a um custo de 20% ao ano. O segundo no montante de R$ 50.000,00 custou 22% ao ano.

Para você calcular o custo médio ponderado, terá que ponderar cada um desses custos pelo volume de recursos, da seguinte forma:

Custo médio ponderado de capital = (30000*20%+50000*22% + 100000*28%)/180000

Custo médio ponderado de capital = (6000+11000+28000)/180000

Custo médio ponderado de capital = (45000)/180000

Custo médio ponderado de capital = 0,25 = 25% ao ano

O custo médio ponderado de capital da empresa será então de 25% ao ano. Um investimento qualquer que essa empresa venha a fazer não pode render menos que 25% ao ano, pois esses é o custo atual do dinheiro para financiar seu passivo.

Exercício de aprendizagem

Agora que você já sabe calcular o custo médio ponderado de Capital tente resolver os seguinte problema:

Suponha um Empréstimo de R$ 200.000,00 (20% ao ano) e capital próprio de R$ 600.000,00 (25% ao ano), quanto seria o custo médio ponderado de capital?

Veja a resolução desse problema e de outras situações, inclusive com o benefício tributário, no link abaixo:

https://youtu.be/60WB_sBxsgM

Aprendizado do capítulo

- Entender e diferenciar os recursos próprios, recursos de terceiros, estrutura de capital, custo do capital, o custo do dinheiro;

- Saber porque o capital de próprio precisa ser pago pelo risco que ele absorve ao investir na empresa;
- Compreender o que é a taxa livre de risco e porque ela é uma referência para a análise de investimento;
- Distinguir custo de capital e custo de oportunidade;
- Entender como o custo de oportunidade influencia as decisões de investimento;
- Compreender o que é custo de capital de terceiros;
- Calcular o custo médio ponderado de capital de terceiros; e
- Entender e calcular o custo médio ponderado de capital da empresa.

Dando prosseguimento ao nosso estudo de análise de investimento, no próximo capítulo você vai aprender o que é e como calcular o indicador de análise de investimento Payback Simples.

O Payback Simples

O que é payback

O método do payback é um dos mais simples e básicos para avaliar investimentos. Na prática ele não é utilizado sozinho. Normalmente ele é usado em conjunto com outros indicadores, como o Valor Presente Líquido (VPL) ou a Taxa Interna de Retorno (TIR).

Traduzido do inglês para o português, Payback significa "ao pé da letra" pagar de volta, ou simplesmente retorno.

A unidade de medida do payback não é o retorno financeiro em moeda nacional. O Payback é medido em unidades de tempo. Ele mede o tempo que vai levar para que o valor investido retorne para empresa.

Como as decisões de investimento normalmente levam um tempo maior, o payback normalmente é medido em anos ou em meses.

A pergunta que se faz quando você está calculando o payback é:

Quanto tempo vai ser necessário para que o investimento feito retorne para o caixa da empresa.

Nós podemos ter dois tipos de payback:

- O payback simples; e
- O payback descontado.

O payback simples é o mais simples e mais fácil de ser calculado. Vamos iniciar então com o payback simples e em seguida nós apresentamos o payback descontado

Como calcular o payback simples

O payback simples avalia simplesmente quanto tempo o valor do investimento inicial irá retornar para empresa ou para o investidor.

É importante notar que aqui no payback simples não levamos em conta o valor do dinheiro no tempo. Ou seja, ele considera que os fluxos de caixa do projeto de investimento são fluxos líquidos na data de hoje. Assim, não estamos considerando no payback simples o valor do dinheiro no tempo.

Na prática você já sabe que isso não é verdade. Como você viu anteriormente, o valor do dinheiro no tempo é uma das bases da matemática financeira e das finanças.

Assim, não podemos considerar um fluxo daqui a dois anos igual a um fluxo na data de hoje. Esse inclusive um dos grandes defeitos do payback simples.

Mas isso não quer dizer, entretanto, que ele não possa ser um indicador viável de ser avaliado ou de ser utilizado na prática em certas situações.

Mas como é que você pode calcular o payback?

Vamos ter duas situações possíveis. Você pode encontrar fluxos regulares de caixa ou fluxos Irregulares.

Vamos iniciar com o fluxo regular, que é bem mais simples de ser feito. Esse cálculo você vai fazer com uma calculadora comum. Em seguida você vai ver como calcular o payback de um fluxo irregular.

Fluxo regular

Mas o que vem a ser um fluxo regular de caixa?

Um fluxo regular de caixa de um projeto de investimento é aquele em que nós temos um investimento inicial seguido de uma série de fluxos de caixa exatamente iguais.

Por exemplo, vamos supor que você tenha que avaliar um investimento em um equipamento cujo investimento inicial seja de R$ 50.000,00.

Digamos que investimento vai gerar ao longo de 10 anos um fluxo anual positivo de R$ 10.000,00. Ou seja, a cada ano essa máquina vai gerar um fluxo de caixa líquido de R$ 10.000,00.

Temos então o seguinte fluxo de caixa:

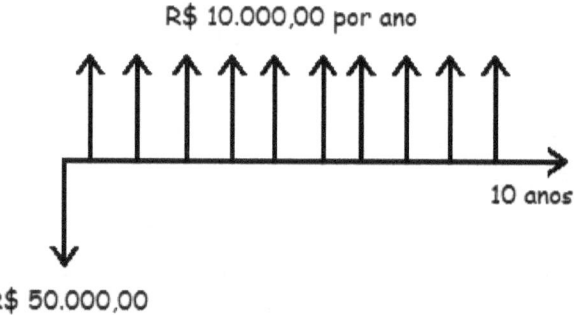

Esse é um exemplo de fluxo de caixa regular. Um investimento inicial seguido de uma série de fluxos de caixa positivos e Iguais.

Como vamos fazer para calcular o tempo de payback para um fluxo regular?

Nestes casos, é muito simples, basta dividir o investimento inicial pelo fluxo anual.

Payback = investimento inicial / fluxo anual

Vamos então calcular o tempo de payback para esse caso.

Temos então os seguintes dados:

Investimento inicial de R$ 50.000,00

Fluxo anual de R$ 10.000,00

O tempo de payback vai ser então:

Payback = investimento inicial / fluxo anual

Payback = R$ 50.000,00 / R$ 10.000,00

Payback = 5 anos

O payback simples do investimento será igual a 5 anos.

Podemos dizer então que o projeto vai levar cinco anos para retornar o investimento feito.

Vejamos um outro exemplo de fluxo regular.

Digamos que você esteja avaliando um investimento de R$ 60.000,00. Esse investimento vai gerar retornos anuais de R$ 8.000,00 por ano ao longo de 12 anos.

Neste caso você vai ter:

Investimento inicial de R$ 60.000,00

Fluxo anual de R$ 8.000,00

O tempo de payback vai ser então:

Payback = investimento inicial / fluxo anual

Payback = R$ 60.000,00 / R$ 8.000,00

Payback = 7,5 anos

O payback simples será então de 7,5 anos.

O projeto não vai retornar nem em sete anos nem em oito anos, vai levar 7 anos e alguns meses para obter o retorno.

Na verdade serão seis meses.

Como calcular então o número de meses da parte decimal do payback.

É muito simples, acompanhe comigo.

Neste caso nós temos 7 anos mais 0,5 anos.

Se você multiplicar 0,5 x 12, que é o número de meses em um ano, vamos encontrar a quantidade de meses.

Serão então 6 seis meses.

Tudo bem, agora que você já sabe fazer o cálculo do payback simples quando o fluxo é regular, vejamos como fazer se os fluxos forem diferentes.

Fluxo irregular

No fluxo irregular você vai ter a seguinte situação: um investimento inicial seguido por uma série de fluxo de caixa diferentes.

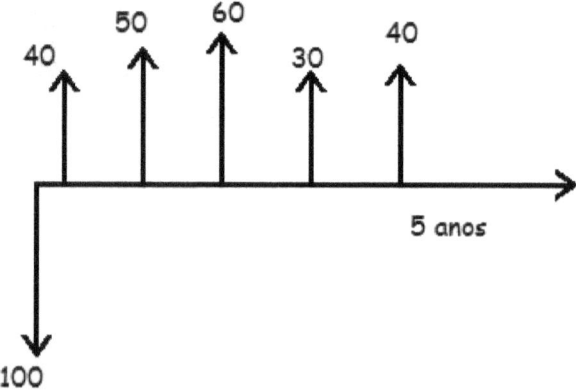

Os fluxos de caixa podem inclusive ser, em algum ano, negativos. Esses períodos de fluxos negativos podem significar reinvestimentos.

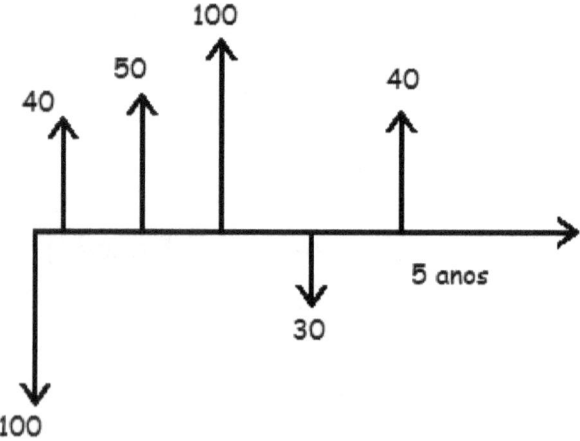

Veja o exemplo abaixo:

ano	fluxo
0	-R$ 10.000,00
1	R$ 2.000,00
2	R$ 3.000,00
3	R$ 5.000,00
4	R$ 7.000,00

No problema você tem um investimento inicial no momento zero de R$ 10.000,00. Note que esse investimento está negativo.

Esse investimento vai gerar retornos por 4 anos:

- No primeiro ano será de R$ 2.000,00
- No segundo ano será de R$ 3.000,00
- No terceiro ano o retorno será de R$ 5.000,00, e
- No último ano do projeto ele vai retornar R$ 7.000,00

Veja que os fluxos não são iguais ao longo dos anos.

Neste caso nós não temos como dividir o investimento pelo fluxo anual, como foi feito no payback simples com fluxo regular.

Como é que você vai fazer para calcular o payback simples nessa situação?

Eu vou mostrar detalhadamente para você um macete muito simples que vai facilitar o cálculo do payback nesse tipo de situação.

Nós vamos fazer assim, iremos abrir uma nova coluna na tabela de fluxo de caixa e vamos chamar essa coluna de saldo. Da seguinte forma:

ano	fluxo	saldo
0	-R$ 10.000,00	
1	R$ 2.000,00	
2	R$ 3.000,00	
3	R$ 5.000,00	
4	R$ 7.000,00	

O que significa então essa coluna saldo?

Imagine que no momento que você fez um investimento no projeto ele iria ficar devendo para você ou para empresa o valor do investimento inicial.

Essa coluna de saldo vai representar o saldo do débito. Vamos acompanhar o saldo até que ela fique positiva. Ou sejam até que todo valor investido retorne para o caixa da empresa.

Dessa forma, no momento do investimento o projeto está devendo R$ 10.000,00.

ano	fluxo	saldo
0	-R$ 10.000,00	-R$ 10.000,00
1	R$ 2.000,00	
2	R$ 3.000,00	
3	R$ 5.000,00	
4	R$ 7.000,00	

Veja que o saldo do projeto após investimento inicial é negativo de - R$10.000,00.

No primeiro ano de funcionamento o projeto teve receitas e despesas que ao final gerou um resultado líquido positivo de R$ 2000.

O saldo no final do primeiro ano será de:

-R$ 10.000,00 + R$ 2.000,00 = - R$ 8.000,00

ano	fluxo	saldo
0	-R$ 10.000,00	-R$ 10.000,00
1	R$ 2.000,00	-R$ 8.000,00
2	R$ 3.000,00	
3	R$ 5.000,00	
4	R$ 7.000,00	

Assim, no final do primeiro ano do projeto ele estará devendo a empresa - R$ 8.000,00.

O investimento inicial não vai retornar primeiro ano.

No segundo ano teremos um resultado positivo de R$ 3.000,00. Isso vai fazer com que o saldo ao final do segundo ano seja de:

-R$ 8.000,00 + R$ 3.000,00 = - R$ 5.000,00

ano	fluxo	saldo
0	-R$ 10.000,00	-R$ 10.000,00
1	R$ 2.000,00	-R$ 8.000,00
2	R$ 3.000,00	-R$ 5.000,00
3	R$ 5.000,00	
4	R$ 7.000,00	

Aí eu lhe pergunto, ao final do segundo ano o projeto vai gerar o retorno total do investimento inicial?

Claro que não é verdade?

No final do segundo ano o projeto ainda vai estar devendo - R$ 5.000,00.

No terceiro ano teremos um retorno de R$ 5.000,00 e ao final do terceiro ano teremos os seguinte saldo:

-R$ 5.000,00 + R$ 5.000,00 = 0

O saldo no final do terceiro ano o saldo será zero.

ano	fluxo	saldo
0	-R$ 10.000,00	-R$ 10.000,00
1	R$ 2.000,00	-R$ 8.000,00
2	R$ 3.000,00	-R$ 5.000,00
3	R$ 5.000,00	R$ 0,00
4	R$ 7.000,00	

Ou seja, todo o investimento inicial de R$ 10.000,00 foi retornado para o caixa da empresa.

Isso significa que o payback será de 3 anos.

Mas aí você pode me perguntar, e se esse valor fosse positivo?

Vamos supor então que o fluxo do terceiro ano seja R$ 6.000, e não R$ 5.000,00.

Neste caso, como nós podemos calculamos o payback?

Veja como ficaria os fluxos nessa outra situação.

ano	fluxo	saldo
0	-R$ 10.000,00	-R$ 10.000,00
1	R$ 2.000,00	-R$ 8.000,00
2	R$ 3.000,00	-R$ 5.000,00
3	R$ 6.000,00	
4	R$ 7.000,00	

Se o resultado positivo do ano 3 foi de R$ 6.000,00 você vai ter ao final do terceiro ano o seguinte saldo:

-R$ 5.000,00 + R$ 6.000,00 = R$ 1.000,00

ano	fluxo	saldo
0	-R$ 10.000,00	-R$ 10.000,00
1	R$ 2.000,00	-R$ 8.000,00
2	R$ 3.000,00	-R$ 5.000,00
3	R$ 6.000,00	R$ 1.000,00
4	R$ 7.000,00	

Ao final do terceiro ano do projeto você terá um saldo positivo de R$ 1.000,00.

Nessa situação, Quando será o payback?

Será 3 anos ou 4 anos?

Na verdade não vai ser nem três anos nem quatro anos. Vai ser um valor entre 3 e 4 anos.

Para calcular o valor exato do payback basta utilizar a seguinte fórmula:

Payback= primeiro ano com saldo positivo - (saldo do último ano negativo / fluxo do primeiro ano com saldo positivo)

Nesse caso teremos:

Primeiro ano com saldo positivo= 3 anos

Saldo do último ano negativo= - R$ 5.000,00

Fluxo do primeiro ano com saldo positivo= R$ 6.000,00

Substituindo esses valores na fórmula teremos:

Payback= 3 - (-R$ 5.000,00/ R$ 6.000,00)

Payback= 3 + R$ 5.000,00/ R$ 6.000,00)

Payback= 3 + 5/ 6

Payback= 3 + 0,83333

Payback= 3,83333

O tempo de payback será então de 3,83 anos.

Serão três anos e quantos meses então?

Vão ser três anos mais 0,83333*12 meses.

Payback= 3 anos + 10 meses.

Muito simples não é?

Tudo bem, você já sabe como calcular o payback nas situações de fluxo regular de caixa e fluxo irregular.

Agora precisamos avaliar como tomar a decisão de investimento baseado no payback.

Podemos tomar dois tipos de decisão. A primeira é a aceitação ou rejeição dos projetos. A segunda é a classificação dos projetos aceitáveis do melhor para o pior.

Vejamos então com mais detalhes os critérios de decisão baseados no payback.

Como tomar decisão

Em relação ao payback, a empresa precisa definir qual é o tempo máximo aceitável para o retorno sobre o investimento. Se o projeto leva mais tempo do que o prazo máximo aceitável ele deve ser rejeitado. Caso o prazo de retorno projeto for menor que o prazo máximo aceitável nós devemos aceitar o investimento.

Por exemplo, na situação anterior nós teremos um payback de 3,83 anos.

Suponha que você tenha definido que o prazo máximo aceitável seja de três anos.

Como o projeto levou 3,83 anos para retornar o investimento, e 3,83 anos é maior que o prazo máximo aceitável, deveremos rejeitar o projeto.

Suponha, entretanto, que o prazo máximo aceitável seja de quatro anos. Neste caso iremos aceitar o projeto, pois o prazo de 3,83 é menor do que o prazo máximo aceitável.

E se nós tivermos mais de um projeto aceitável, como iremos escolher?

Neste caso teríamos que avaliar inicialmente se os projetos são independentes ou excludentes.

Projetos independentes são aqueles em que a aceitação de um não rejeita o outro.

Logicamente uma decisão de investimento envolve vários indicadores e não somente o payback. Mas se considerarmos somente o payback, nesta situação, se a empresa possuir todos os recursos para os investimentos, ela deve aceitar e implementar todos projetos aceitáveis.

E se eles forem excludente?

Em projetos excludentes a aceitação de um vai rejeitar os demais.

Neste caso devemos ordenar os projetos do menor tempo até o maior tempo de payback.

O investimento com prazo de payback menor deverá ser o escolhido.

Aí você pode me perguntar, professor como podemos definir o prazo máximo aceitável? Como empresa define o prazo máximo aceitável?

Realmente essa é uma pergunta bastante importante. Dependendo desse prazo estipulado pelos administradores, iremos aceitar ou rejeitar mais projetos.

Esse é mais um problema do método payback, pois a definição do prazo máximo aceitável é uma decisão gerencial tomada normalmente sem nenhum critério financeiro ou matemático.

Na prática, é comum a utilização do payback como complemento para decisões de grandes de grande porte. Algumas vezes, o payback máximo aceitável é utilizado como principal critério de decisão para pequenos investimentos.

Por exemplo, vamos supor que você tenha muitos pequenos projetos para avaliar. Você pode estabelecer um prazo máximo aceitável e fazer uma seleção antecipada utilizando o payback. Depois pode tomar a decisão baseada em outros critérios, como o VPL ou a TIR..

Digamos que você tenha 30 projetos de investimento para avaliar. Você pode estabelecer um prazo máximo aceitável de forma a selecionar os cinco melhores. Os cinco investimentos melhores classificados pelo payback poderão então ser avaliados através de outros métodos.

Logicamente que esse tipo de decisão envolve outros fatores como mercadológicos, competitivos, estratégicos e operacionais.

Exercício de aprendizagem

Antes de passarmos para o payback descontado, vou deixar aqui um problema para você treinar o cálculo do payback. Acho que vale a pena você tentar resolver. O problema é o seguinte:

Uma empresa usa o período de payback máximo de 4 anos para avaliar dois projetos de investimento a serem implementados no próximo ano. O projeto A exige investimento inicial de R$ 40.000,00; o projeto B de R$ 45.000,00. As entradas de caixa projetadas para os dois projetos estão na tabela abaixo:

	Entradas de caixa	
Ano	Projeto A	Projeto B
1	R$ 14.000,00	R$ 12.000,00
2	R$ 14.000,00	R$ 12.000,00
3	R$ 8.000,00	R$ 12.000,00
4	R$ 6.000,00	R$ 10.000,00
5	R$ 3.500,00	R$ 5.000,00
6	R$ 2.000,00	R$ 4.000,00

Pede-se:

a. Calcule os períodos de payback de cada projeto.
b. Qual dos projetos atende aos padrões de avaliação de investimento da empresa?
c. Se os dois projetos forem independentes, qual deveria ser o escolhido?
d. Se forem mutuamente excludentes, qual seria escolhido?

Tente resolver esse problema e depois confira no vídeo do link abaixo:

https://youtu.be/gCKfBHZTOy8

Se mesmo assim você ainda tiver alguma dúvida na resolução deste estudo de caso, poste sua dúvida nos comentários do vídeo.

Aprendizado do capítulo

- Entender o que é o conceito e prática do payback simples;
- Calcular o payback simples de um fluxo regular;
- Calcular o payback simples de um fluxo irregular;

- Decidir investimentos independentes utilizando o payback simples;
- Saber tomar decisão de projetos excludentes utilizando o payback simples; e
- Compreender as limitações e deficiências do payback simples.

Vamos agora ver a diferença entre o payback descontado e o payback simples.

O payback descontado

Um dos problemas mais visíveis do método do payback simples é que ele não considera o valor do dinheiro no tempo. Na prática financeira, como visto anteriormente, devemos sempre considerar os fluxos de caixa nas datas que eles ocorrem.

Para avaliar os fluxos em uma data diferente devemos atualizar eles utilizando alguma taxa de desconto ou de aplicação.

Dessa forma, para melhorarmos a qualidade das decisões utilizando o método do payback, precisamos fazer esse ajuste financeiro. Esse novo indicador ajustado é chamado de payback descontado.

Mas o que é exatamente o payback descontado?

O que é payback descontado

Se temos um fluxo de caixa de R$ 1.000,00 ocorrendo daqui a dois anos, financeiramente nós não podemos somar ele com o saldo negativo do investimento inicial, como fizemos no payback simples.

Para somarmos ele de forma correta, deveremos trazer para o valor presente o fluxo através da aplicação de uma taxa de desconto, normalmente o custo de capital da empresa.

Assim sendo, para melhorarmos avaliação utilizando o payback descontado devemos trazer todos os fluxos para o momento atual, para data zero do projeto. Este novo payback é exatamente o que chamamos de payback descontado.

Apesar de ser um pouco mais trabalhoso do que o payback simples, ele apresenta uma informação com melhor qualidade de decisão pois leva em consideração o valor do dinheiro no tempo.

Tudo bem, mas como fazer o cálculo do payback descontado?

Como calcular o payback descontado

Para calcularmos o payback descontado, a partir de um fluxo de caixa existentes, precisamos de apenas três passos:

1. Levantar todos os fluxos de caixa desde o investimento inicial até os fluxos operacionais líquidos
2. Trazer todos os fluxos de caixa para a data zero do projeto utilizando uma taxa de desconto com a fórmula do valor presente dos juros compostos, como você viu na unidade sobre valor do dinheiro no tempo.
3. Calcular o payback, que agora chamaremos de payback descontado, utilizando o mesmo método do payback simples, agora com os fluxos descontados.

Vejamos então como fazer esse cálculo, utilizando um exemplo prático.

Suponha que você tenha um investimento de R$ 10.000,00 que irá retornar R$ 4.000,00 por ano por 4 anos.

Pede-se

- Calcule o payback simples deste investimento
- Calcule o payback descontado deste investimento utilizando uma taxa de desconto de 10% ao ano.
- Qual a diferença nos resultados do payback simples para o payback descontado.

Nesse estudo de caso nós vamos resolver o payback simples e depois o payback descontado e depois comparar os resultados.

Como os fluxos são regulares, o payback simples vai ser muito fácil, basta dividir o investimento pelo retorno anual.

Nós temos então:

Investimento= R$ 10.000,00

Retorno anual= R$ 4.000,00

O payback simples vai ser igual a:

Payback simples = R$ 10.000,00/ R$ 4.000,00

Payback simples = 2,5

O payback simples vai ser de 2,5 anos.

2 anos e quantos meses?

$3 + 0,5*12 = 2 + 6$

O projeto vai levar então 2 anos e 6 meses para retornar um investimento inicial, utilizando a metodologia do payback simples.

E se nós descontarmos os fluxos a uma taxa de 10%, trazendo todos eles para data 0, quanto seria esse novo payback?

Precisamos então trazer todos os fluxos para data zero.

Teremos então os seguintes fluxos:

ano	fluxo
0	-R$ 10.000,00
1	R$ 4.000,00
2	R$ 4.000,00
3	R$ 4.000,00
4	R$ 4.000,00

Um investimento inicial de R$ 100000,00 seguido por quatro fluxos anuais de R$ 4.000,00.

Agora precisamos trazer todos os fluxos para data zero utilizando a fórmula de juros compostos. Devemos descontar os fluxos utilizando uma taxa de desconto de 10% ao ano.

Logicamente um investimento inicial de R$ 10.000,00 negativo já está na data zero e não precisamos fazer esse desconto.

Assim:

ano	fluxo	fluxo descontado
0	-R$ 10.000,00	-R$ 10.000,00
1	R$ 4.000,00	
2	R$ 4.000,00	
3	R$ 4.000,00	
4	R$ 4.000,00	

Mas qual é a fórmula do valor presente?

Vamos utilizar a seguinte fórmula do valor presente:

$VP = VF/ (1 + i)^n$

Onde:

VP= valor presente do fluxo

VF= valor do fluxo

i = taxa de juros

n= número de períodos

Vamos então calcular o valor presente do primeiro fluxo que é R$ 4000 daqui a um ano. Ou seja, queremos saber quanto vale hoje um fluxo de R$ 4000 daqui a um ano.

Temos então as seguintes informações:

VP=?

VF= R$ 4.000,00

i = 10% = 10/100 = 0,10

n= 1

$VP = VF/ (1 + i)^n$

Uma observação importante é que a taxa de 10% deve ser convertida para o formato decimal. Veja que 10% é a mesma coisa que 10 dividido por 100 que vai dar 0,10. Vamos usar na fórmula 0,10.

Substituindo os valores na fórmula teremos:

$VP = 4000/(1 + 0,10)^1$

$VP = 4000/1,10$

$VP = 3.636,36$

O valor presente do primeiro fluxo de R$ 4.000,00, que ocorre no final do primeiro ano trazido para data zero, a uma taxa de 10% ao ano, será de R$ 3.636,36.

Nossa planilha de fluxo de caixa descontado ficará:

ano	fluxo	fluxo descontado
0	-R$ 10.000,00	-R$ 10.000,00
1	R$ 4.000,00	R$ 3.636,36
2	R$ 4.000,00	
3	R$ 4.000,00	
4	R$ 4.000,00	

Vamos agora trazer o fluxo do segundo ano, que também é R$ 4.000,00 para data zero. Temos os seguintes dados:

VP=?

VF= R$ 4.000,00

i = 10% = 10/100 = 0,10

n= 2

$VP = VF/(1 + i)^n$

Substituindo na fórmula:

$VP = 4000/(1 + 0,10)^2$

$VP = 4000/(1,10)^2$

$VP = 4000/(1,10*1,10)$

$VP = 4000/1,21$

$VP = 3.305,79$

O valor presente do segundo fluxo de R$ 4.000,00 que ocorre no segundo ano, será de 3.305,79. Nossa planilha de fluxo descontado vai ficar assim:

ano	fluxo	fluxo descontado
0	-R$ 10.000,00	-R$ 10.000,00
1	R$ 4.000,00	R$ 3.636,36
2	R$ 4.000,00	R$ 3.305,79
3	R$ 4.000,00	
4	R$ 4.000,00	

Agora só está faltando trazer para data zero o fluxo do terceiro ano e o fluxo do quarto ano, é o que nós vamos fazer agora.

Fluxo do terceiro ano:

VP=?

VF= R$ 4.000,00

i = 10% = 10/100 = 0,10

n= 3

$VP = VF/ (1 + i)^n$

Substituindo na fórmula:

$VP = 4000/(1 + 0,10)^3$

$VP = 4000/(1,10)^3$

VP = 4000/(1,10*1,10*1,10)

VP = 4000/1,331

VP = 3.005,26

O valor presente do terceiro fluxo de R$ 4.000,00 será de R$ 3.005,26.

ano	fluxo	fluxo descontado
0	-R$ 10.000,00	-R$ 10.000,00
1	R$ 4.000,00	R$ 3.636,36
2	R$ 4.000,00	R$ 3.305,79
3	R$ 4.000,00	R$ 3.005,26
4	R$ 4.000,00	

Para finalizar o desconto dos fluxos vamos calcular o valor presente do quarto ano do projeto.

Dados:

VP=

 VF= R$ 4.000,00

 i = 10% = 10/100 = 0,10

n= 4

$VP = VF/ (1 + i)^n$

Substituindo na fórmula:

$VP = 4000/(1 + 0,10)^4$

$VP = 4000/(1,10)^4$

VP = 4000/(1,10*1,10*1,10*1,10)

VP = 4000/1,4641

VP = 2.732,05

O valor presente do quarto fluxo será de R$ 2.732,05.

Pronto agora você já tem todos os fluxos na data zero:

ano	fluxo	fluxo descontado
0	-R$ 10.000,00	-R$ 10.000,00
1	R$ 4.000,00	R$ 3.636,36
2	R$ 4.000,00	R$ 3.305,79
3	R$ 4.000,00	R$ 3.005,26
4	R$ 4.000,00	R$ 2.732,05

O que faremos agora?

Para calcularmos o payback descontado vamos desprezar os fluxos originais e utilizar somente o fluxo descontado na nossa planilha de saldo, veja tabela abaixo:

ano	fluxo descontado	saldo
0	-R$ 10.000,00	-R$ 10.000,00
1	R$ 3.636,36	
2	R$ 3.305,79	
3	R$ 3.005,26	
4	R$ 2.732,05	

A partir de agora, basta que você siga o mesmo procedimento utilizado para o cálculo do payback simples de um fluxo irregular.

A diferença é somente nos fluxos, que não serão os fluxos originais e sim os descontados.

Veja que no momento zero o projeto está devendo a empresa R$ 10.000,00.

Ao final do primeiro ano temos um resultado positivo de R$ 3.636,36.

Esse resultado positivo vai fazer com que o saldo negativo de R$ 10.000,00 diminua para - R$ 6.363,64.

ano	fluxo descontado	saldo
0	-R$ 10.000,00	-R$ 10.000,00
1	R$ 3.636,36	-R$ 6.363,64
2	R$ 3.305,79	
3	R$ 3.005,26	
4	R$ 2.732,05	

Após o resultado do segundo ano teremos um saldo negativo de - R$ 3.057,85.

ano	fluxo descontado	saldo
0	-R$ 10.000,00	-R$ 10.000,00
1	R$ 3.636,36	-R$ 6.363,64
2	R$ 3.305,79	-R$ 3.057,85
3	R$ 3.005,26	
4	R$ 2.732,05	

Veja que mesmo após o resultado do segundo ano, o projeto ainda está com saldo negativo.

Ao final do terceiro ano teremos saldo de - R$ 52,59:

ano	fluxo descontado	saldo
0	-R$ 10.000,00	-R$ 10.000,00
1	R$ 3.636,36	-R$ 6.363,64
2	R$ 3.305,79	-R$ 3.057,85
3	R$ 3.005,26	-R$ 52,59
4	R$ 2.732,05	

Como o saldo ao final do terceiro ano ainda continua negativo, o payback descontado vai ser maior do que 3 anos. Por fim, ao final do quarto ano teremos um saldo positivo de R$ 2.679,46.

ano	fluxo descontado	saldo
0	-R$ 10.000,00	-R$ 10.000,00
1	R$ 3.636,36	-R$ 6.363,64
2	R$ 3.305,79	-R$ 3.057,85
3	R$ 3.005,26	-R$ 52,59
4	R$ 2.732,05	R$ 2.679,46

Teremos finalmente um saldo positivo.

Quanto será então o nosso payback descontado?

Para você calcular o payback descontado vamos utilizar a fórmula:

Payback descontado= primeiro ano com saldo positivo - (saldo do último ano negativo / fluxo do primeiro ano com saldo positivo)

Nesse caso nós temos:

Primeiro ano com saldo positivo= 4 anos

Saldo do último ano negativo= - 52,59

Fluxo do primeiro ano com saldo positivo= R$ 2732,05

Substituindo na fórmula:

Payback descontado= 4 - (-52,59/ 2732,05)

Payback descontado= 4 + 52,59/ 2732,05

Payback descontado= 4 + 0,0192

Payback descontado= 4,0192

O tempo de payback descontado será de 4,0192 anos.

Veja que o payback descontado foi maior do que o payback simples.

O payback simples foi de 2,5 anos e o descontado foi de 4,0192 anos.

O payback descontado sempre será maior do que o payback simples.

Mas como nós podemos tomar uma decisão em relação ao payback descontado?

Como tomar decisão

A decisão de fazer ou não fazer o projeto, ou ordenar os projetos do melhor para o pior, no payback descontado segue os mesmos critérios do payback simples.

Precisamos definir um prazo máximo de retorno aceitável, agora considerando os fluxos descontados.

Se o payback descontado for maior do que esse prazo máximo aceitável devemos rejeitar o projeto, se for menor aceitamos o projeto.

Para situação anterior se o prazo máximo aceitável for de três anos devemos rejeitar o projeto. Se for 5 anos deveremos aceitar o projeto.

Em projetos independentes devemos escolher todos que apresentarem payback descontado inferior ao máximo estipulado.

Em projetos excludentes você deve escolher o investimento que apresentar o menor payback descontado.

Exercício de aprendizagem

Agora que você já sabe a diferença entre o payback simples e o payback descontado, e já sabe fazer os cálculos e tomar a decisão, tente resolver esse problema:

Suponha que você tenha um investimento de R$ 10.000,00 que irá retornar R$

3.000,00 por ano por 6 anos. Pede-se

a. Calcule o payback simples deste investimento

b. Calcule o payback descontado deste investimento utilizando uma taxa de desconto de 10% ao ano.

c. Qual a diferença nos resultados do payback simples para o payback descontado.

Tente fazer os cálculos do payback e responder essas três perguntas utilizando a mesma metodologia vista no livro. Depois de resolver o estudo de caso, veja a resolução passo a passo no vídeo que nós postamos no link abaixo:

https://youtu.be/HOColH5fFqg

Se você ainda ficar com alguma dúvida na resolução do estudo de caso, poste nos comentários do vídeo.

Aprendizado do capítulo

- Entender o que é o conceito e prática do payback descontado;
- Calcular o payback descontado de uma situação prática de investimento;
- Compreender como o payback descontado pode melhorar as decisões em relação ao payback simples;
- Decidir investimentos independentes utilizando o payback descontado;
- Saber tomar decisão de projetos excludentes utilizando o payback descontado; e
- Compreender as limitações e deficiências do payback descontado.

Vejamos agora a metodologia do Valor Presente Líquido (VPL).

O Valor Presente Líquido (VPL)

Você acabou de ver que, para calcular o payback descontado, nós teríamos que trazer cada um dos fluxos do investimento para data zero.

Você precisa trazer os fluxos para que eles sejam equivalentes na data do investimento inicial. É como se todos esses resultados ocorresse no momento atual.

Para tanto, como foi visto, precisamos utilizar uma taxa de desconto compatível com o custo de capital da empresa.

E se somássemos todos esses fluxos resultante na data zero e depois diminuíssemos do investimento inicial?

Em termos financeiros esse valor resultante seria o resultado financeiro líquido no momento do investimento. Ele representaria o valor em moeda que o projeto estaria gerando para empresa.

Esse valor é o que chamamos de Valor Presente Líquido, é o valor presente das entradas de caixa ao longo dos anos do projeto menos o investimento inicial.

O que é Valor Presente Líquido (VPL)

Desta forma, podemos dizer de forma bem simplificada, que o valor presente líquido (VPL) é o resultado líquido do projeto na data da realização do investimento.

Na prática esse indicador financeiro é o mais utilizado. Ele é a melhor medida para decidir entre as alternativas de investimento.

O VPL, portanto, é um indicador de viabilidade econômica de investimentos. Ele se destaca do ponto de vista econômico e financeiro por vários fatores.

71

O principalmente deles é por conta de levar em consideração os fluxos de caixa e o custo de capital da empresa.

Quanto à empresa está avaliando investimentos ela precisa levar em conta o custo do dinheiro, custo de capital, afinal se aprovamos investimentos com retornos negativos estaremos diminuindo o valor da empresa como um todo.

Quanto maior o VPL melhor para empresa e maior será a riqueza gerada pelo investimento. Mas como é que você pode calcular o VPL?

Como calcular o VPL

Existem várias formas para se calcular o Valor Presente Líquido. Uma primeira alternativa seria utilizar as fórmulas de juros compostos, como nós fizemos no cálculo do payback descontado.

Outra opção é através das calculadoras financeiras. Existem várias no mercado, mas a mais utilizada pelos administradores, economistas e contadores é a calculadora financeira HP-12c. Nela você vai encontrar as fórmulas para calcular o VPL e a Taxa Interna de Retorno para fazer esses cálculos automaticamente.

Outra forma também bastante prática para se fazer o cálculo do VPL é utilizando a planilha eletrônica Excel. Para fazer esse cálculo no Excel é preciso saber utilizar as funções financeiras e os procedimentos.

Você vai acompanhar agora como calcular o VPL: com fórmula, na hp-12c e no Excel. Depois vamos interpretar e avaliar o seu resultado.

Vamos iniciar com o cálculo utilizando a fórmula do valor presente no juros compostos. Você vai ver que é bem simples, e muito parecido com cálculo que fizemos na tabela do payback descontado.

Em seguida veremos esse cálculo na hp12c e no Excel.

Como calcular o VPL utilizando a fórmula dos juros compostos

Para calcular o VPL utilizando a fórmula dos juros compostos é muito simples. Basta trazer todos os fluxos para data zero, assim como nós fizemos para o cálculo do payback descontado, somar todos eles e diminuir do investimento inicial

Vejamos então um exemplo numérico.

Eu vou utilizar o mesmo exemplo que nós fizemos para o cálculo do payback descontado. Como os cálculos para o valor presente já estão feitos ficará bem mais fácil fazer o cálculo do VPL. Além disso você verá a relação entre ele o payback descontado.

O problema foi o seguinte:

Suponha que você tenha um investimento de R$ 10.000,00 que irá retornar R$ 4.000,00 por ano por 4 anos.

Nosso fluxo original então era:

ano	fluxo
0	-R$ 10.000,00
1	R$ 4.000,00
2	R$ 4.000,00
3	R$ 4.000,00
4	R$ 4.000,00

Qual o próximo passo para cálculo do VPL?

Precisamos trazer para a data de hoje, utilizando uma taxa de desconto, todos os fluxos do ano 1 ao ano 4.

Vamos utilizar a mesma taxa que foi feita para o cálculo do payback descontado. Taxa de 10% ao ano.

Se trouxermos cada um desses fluxos para data atual teremos:

ano	fluxo	fluxo descontado
0	-R$ 10.000,00	-R$ 10.000,00
1	R$ 4.000,00	R$ 3.636,36
2	R$ 4.000,00	R$ 3.305,79
3	R$ 4.000,00	R$ 3.005,26
4	R$ 4.000,00	R$ 2.732,05

Nós não vamos refazer aqui esses cálculos, pois eles já foram feitos no cálculo do payback descontado. Se tiver alguma dúvida basta retornar para sessão do exemplo de payback descontado.

Agora vamos somar os fluxos descontados do ano 1 ao ano 4:

Fluxos resultantes na data zero= 3636,36+3305,79+3005,26+ 2732,05 = R$ 12.679,46.

Esse valor de R$ 12.679,46 representa todos os resultados do ano 1 ao ano 4 na data zero.

É como se eu tivesse trazido o "lucro" para data de hoje.

Se você pegar e diminuir esse valor do investimento inicial vamos encontrar o Valor Presente Líquido do investimento.

Que neste caso vai ser:

VPL = R$ 12.679,46 - R$ 10.000,00

VPL= R$ 2.679,46

Muito fácil não é?

Quer ver como ficar mais fácil ainda?

Eu vou pegar a planilha que nós utilizamos para calcular o payback descontado:

ano	fluxo descontado	saldo
0	-R$ 10.000,00	-R$ 10.000,00
1	R$ 3.636,36	-R$ 6.363,64
2	R$ 3.305,79	-R$ 3.057,85
3	R$ 3.005,26	-R$ 52,59
4	R$ 2.732,05	R$ 2.679,46

Veja que o saldo final dessa planilha é exatamente o VPL.

Assim, se você estiver fazendo o cálculo do payback descontado basta você ir até o final da coluna de saldo, até o último ano do projeto. O saldo final vai ser exatamente o Valor Presente Líquido.

Você pode calcular os dois indicadores ao mesmo tempo, facilitando ainda mais o seu trabalho.

Vamos agora para um exercício prático onde você vai poder treinar este cálculo:

Uma empresa do setor hoteleiro brasileiro está avaliando a compra de um novo equipamento para ser instalado nos seus hotéis do nordeste.

O investimento inicial é de R$ 50.000,00 e irá gerar entradas operacionais positivas de R$ 20.000,00 por ano em uma prazo de 5 anos.

Para cada um dos custos de capital abaixo calcule o Valor Presente líquido e indique se o projeto é viável (para ser viável o VPL tem que ser maior que zero).

a. Custo de capital de 10% ao ano

b. Custo de capital de 20% ao ano

c. Custo de capital de 30% ao ano

Veja que nesse problema você vai ter uma situação prática onde é necessário montar o fluxo de caixa e calcular o valor presente líquido para várias taxas de desconto, vários custos de capital.

Tente resolver esse problema e depois confira com a resolução no link: https://youtu.be/qKMXGSAPIJ8

Se você tiver alguma dúvida deixe nos comentários do vídeo.

Vejamos agora como fazer o cálculo do VPL utilizando uma calculadora HP-12c.

Mesmo que você não tenha calculadora, dá para fazer com um simulador online ou com um aplicativo de celular, como você vai ver a seguir.

Como calcular o VPL utilizando a HP-12c

A calculadora financeira HP-12c possui funções internas para os cálculos financeiros e estatísticos. Apesar de ser bastante antiga, ela foi lançada em 1981 pela empresa Hewlett-Packard Company, ainda hoje é bastante utilizada pelos profissionais da área financeira e econômica, como administradores economistas e contadores.

Existem vários modelos da calculadora HP 12C mas todos eles possuem funções para o cálculo do VPL e TIR. Independente do tipo, os passos são basicamente os mesmos.

Caso não possua, você pode utilizar um simulador online gratuito que se encontra no link abaixo:

Link para o simulador da Hp 12c

Você também tem a possibilidade de usar aplicativos especialmente desenvolvidos para celular.

Segue abaixo os link para alguns:

https://amzn.to/2FZOkZP

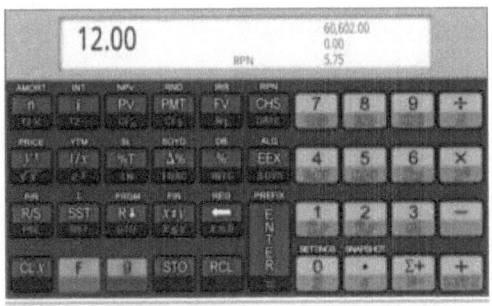

https://amzn.to/2XvJEAZ

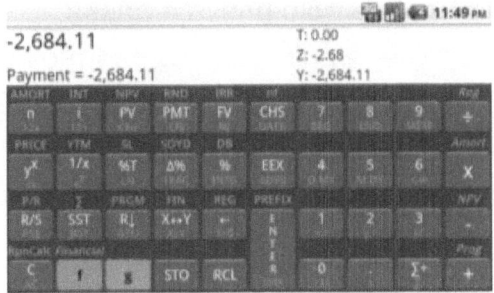

Veja na imagem abaixo as teclas e as funções que você vai precisar utilizar para o cálculo do VPL e TIR:

Para calcular o VPL você deve seguir os seguintes passos:

1. Apagar os registradores da calculadora utilizando as teclas f Clx

2. Entrar como investimento inicial na Tecla g CF0. Note que o investimento normalmente é negativo e portanto temos que teclar em CHS para trocar o sinal
3. Entrar os fluxos ano a ano na ordem em que eles aparecem na tecla g CFj
4. Entrar com a taxa de desconto na tecla i
5. Pedir o VPL teclando em f NPV

Vejamos então um exemplo passo a passo:
Suponha o mesmo exemplo para conferirmos os resultados. Temos um investimento inicial de R$ 10.000,00 e fluxos anuais de R$ 4.00 por ano ao longo de 4 anos.
Nós podemos representar esses fluxos da seguinte forma:

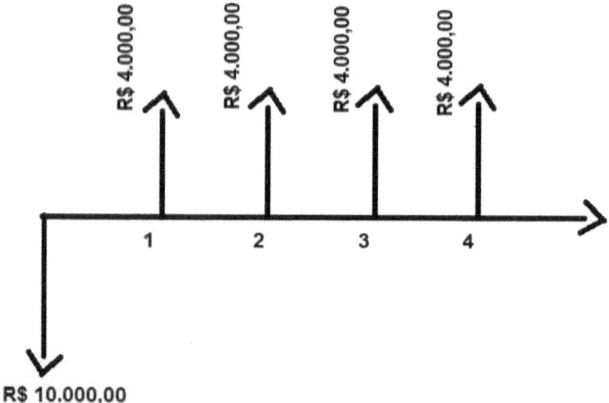

Vamos supor também que a taxa de desconto seja a mesma do problema anterior, de 10% ao ano.
Com esses dados podemos calcular o Valor Presente Líquido seguindo o passo a passo abaixo:
1. Tecle f depois Clx para apagar os registradores

2. Tecle o número 10000 e depois em CHS para trocar o sinal
3. Tecle g CF0 para entrar o investimento inicial
4. Tecle 4000 e depois em g CFj para entrar o fluxo do primeiro ano
5. Tecle 4000 novamente e depois em g CFj para entrar o fluxo do segundo ano
6. Tecle 4000 novamente e depois em g CFj para entrar o fluxo do terceiro ano
7. Tecle 4000 novamente e depois em g CFj para entrar o fluxo do quarto ano
8. Tecle o número 10 e depois em i para entrar com a taxa de desconto
9. Tecle f e depois em NPV para encontrar o valor presente líquido

A calculadora irá retornar o valor de R$ 2.679,46, que será o valor do VPL deste projeto.

Para facilitar o seu entendimento deste passo-a-passo, eu preparei um vídeo e postei a resolução dele seguindo as orientações acima.

Veja o link abaixo para acessar o vídeo.

Link para ver o vídeo com a solução: https://youtu.be/RwwkveL9hII

Vamos ver agora uma terceira forma para calcular o VPL, utilizando a planilha eletrônica Excel.

Como calcular o VPL utilizando o Excel

A planilha eletrônica Excel, da Microsoft, também é outra opção muito boa que você tem para fazer o cálculo do valor presente líquido (VPL). Na minha opinião é a maneira mais prática e fácil de se fazer cálculos financeiros.

Após a entrada de dados e das fórmulas, o Excel vai calcular automaticamente o VPL para você. Se você alterar qualquer valor dos fluxos o Excel vai recalcular automaticamente o valor, sem necessitar uma nova entrada de dados e de fórmulas.

Você também pode compartilhar uma planilha com uma equipe de trabalho por exemplo, fazendo com que eu trabalho fique mais fácil de ser feito.

Ela é muito útil, principalmente em grandes empresa e projetos, onde uma grande quantidade de informações precisa ser condensada um único fluxo de caixa.

Além disso, você pode fazer gráficos a partir do fluxo de caixa, pode fazer projeções a partir de uma variação no investimento, ou até mesmo do curso de capital.

As possibilidades são muitas. O Excel com certeza pode facilitar o seu trabalho de forma a lhe ajudar a tomar melhores decisões de investimento.

Apesar de ser bastante simples, a maioria das pessoas tem dificuldade para calcular o VPL no Excel.

Eu vou mostrar para você um passo a passo onde você vai acompanhar a resolução e a inserção dos dados e fórmula no Excel. Vamos utilizar o mesmo exemplo anterior, ao final você vai poder fazer o download da planilha para fazer esse cálculo.

Vamos então para o nosso passo a passo.

Passo a passo para calcular o VPL no Excel

Vamos então para o mesmo exemplo anterior: investimento de R$ 10.000,00 que irá retornar R$ 4.000,00 por ano por 4 anos e taxa de 10% ao ano.

.

A primeira coisa que você deve fazer é uma nova planilha no Excel e montar os fluxos conforme modelo abaixo:

	A	B	C	D
1				
2		ano	fluxo	
3		0	-R$ 10.000,00	
4		1	R$ 4.000,00	
5		2	R$ 4.000,00	
6		3	R$ 4.000,00	
7		4	R$ 4.000,00	
8				
9		taxa	10,00%	
10				
11		VP entradas		
12				
13		VPL		

Na planilha você vai ter então as informações do fluxo de caixa, e da taxa.

Depois disso, você vai calcular o valor presente das entradas, que são os fluxos do ano um ano quatro trazidos para o momento zero e por fim o valor presente líquido.

Veja que investimento inicial precisa ser negativo e os fluxos operacionais do ano um ao ano quatro estão no formato de moeda e são positivos. A taxa deve estar no formato percentual.

Se na planilha que você montar não tiver nesses formatos, procure na aba da página inicial, as opções de formatação de números.

O próximo passo então é calcularmos o valor presente das entradas e em seguida o VPL.

É neste ponto que a maioria das pessoas erra o cálculo.

Para você não errar na inserção da função acompanhe esses dois passos:

Primeiro você vai selecionar a célula onde você deve entrar com o resultados do valor presente das entradas.

No nosso caso é a célula ao lado de VP entradas (C11).

A função para calcular o valor presente das entradas, por incrível que pareça, é VPL. Apesar do nome da função ser VPL ela não calcula o VPL e sim o valor presente das entradas.

É por isso que a maioria das pessoas erra neste caso.

Você deve digitar a função e os seguintes argumentos:

=VPL(taxa;valor1;[valor2],...)

A taxa é a taxa de juros no nosso caso 10%, você pode selecionar Inclusive a célula onde está a taxa, que no nosso caso é a célula C9.

Depois você deve digitar os valores ou selecionar as células onde se encontram as entradas separadas por ponto e vírgula.

=VPL(C9;C4;C5;C6;C7)

Ou você pode digitar a primeira, no nosso caso C4, digita: e depois a última, no nosso caso =VPL(C9;C4:C7)

As duas formas retornarão o mesmo resultado.

ano	fluxo
0	-R$ 10.000,00
1	R$ 4.000,00
2	R$ 4.000,00
3	R$ 4.000,00
4	R$ 4.000,00
taxa	10,00%
VP entradas	=VPL(C9;C4:C7)

VPL(taxa; valor1; [valor2]; [valor3]; ...)

No nosso caso eu te usei a segunda forma, veja na imagem acima.

Depois de digitar, é só dar um enter e o Excel vai calcular automaticamente o valor presente das entradas.

ano	fluxo
0	-R$ 10.000,00
1	R$ 4.000,00
2	R$ 4.000,00
3	R$ 4.000,00
4	R$ 4.000,00
taxa	10,00%
VP entradas	R$ 12.679,46
VPL	

O valor presente das entradas, na nossa situação problema, vai ser de R$ 12.679,46.

O que é que significa esse valor?

Significa que os fluxos do ano 1 ao ano 4 que são R$ 4.000,00 por ano valem hoje R$ 12.679,46.

Agora estamos com a seguinte situação, temos esse valor R$ 12.679,46 resultante dos fluxos positivos do projeto e o investimento inicial de - R$ 10.000,00.

Quanto vai ser o resultado líquido do projeto?

Agora é muito simples, basta diminuir R$ 12.679,46 do investimento inicial que foi R$ 10.000,00.

O vpl então será:

VPL= R$ 12.679,46 - R$ 10.000,00 = R$ 2.679,46

Se você quiser deixar esse cálculo de forma automática basta digitar na célula ao lado do VPL a seguinte fórmula:

=C11+C3

Na célula C11 temos o valor presente das entradas, que foi calculada anteriormente somado a célula C3 onde temos um investimento inicial negativo.

	B	C	D
		=C11+C3	
	ano	**fluxo**	
	0	-R$ 10.000,00	
	1	R$ 4.000,00	
	2	R$ 4.000,00	
	3	R$ 4.000,00	
	4	R$ 4.000,00	
	taxa	10,00%	
	VP entradas	R$ 12.679,46	
	VPL	=C11+C3	

É só dar um enter e o Excel vai calcular de forma automática o VPL.

ano	fluxo
0	-R$ 10.000,00
1	R$ 4.000,00
2	R$ 4.000,00
3	R$ 4.000,00
4	R$ 4.000,00
taxa	10,00%
VP entradas	R$ 12.679,46
VPL	R$ 2.679,46

Apesar de ser bastante simples, muita gente não consegue calcular corretamente o VPL no Excel, por que não sabe que a função VPL não calcula exatamente o VPL.

Para calcular o VPL você precisa seguir o procedimento visto anteriormente. Primeiro calcule o valor presente das entradas usando a função VPL e depois diminua do investimento inicial.

Agora que a sua planilha está montada, fica muito fácil para fazer outros cálculos a partir desses dados.

Por exemplo, vamos supor que você queira saber quanto vai ser o VPL se você exige mais do projeto, aumentando a taxa de desconto de 10 para 15%.

Neste caso você precisa apenas alterar o valor da taxa, substituindo 10% por 15%, o Excel vai calcular automaticamente o valor presente das entradas e o Valor Presente Líquido, Veja a imagem abaixo o resultado:

ano	fluxo
0	-R$ 10.000,00
1	R$ 4.000,00
2	R$ 4.000,00
3	R$ 4.000,00
4	R$ 4.000,00
taxa	15,00%
VP entradas	R$ 11.419,91
VPL	R$ 1.419,91

Veja que o VPL diminuiu de R$ 2.679,46 para R$ 1.419,91.

Isso acontece porque você está exigindo uma taxa de desconto maior, reduzindo assim o valor presente das entradas.

Você pode alterar investimento inicial, qualquer um dos fluxos do ano 1 ano 4 ou a taxa, que a planilha vai calcular automaticamente o VPL para você.

Se você quiser fazer o download dessa planilha clique no link logo abaixo:

http://flaviomoita.com.br/download/planilha-vpl-excel.xlsx

Para facilitar o seu entendimento deste passo-a-passo, eu preparei um vídeo e postei a resolução dele, seguindo as orientações acima.

Veja o link abaixo para acessar o vídeo.

Link para ver o vídeo com a solução: https://youtu.be/PRmd1ZLfgqY

Agora que você já sabe fazer o cálculo do VPL no Excel, veja se você consegue resolver o problema abaixo:

Uma empresa fez um investimento De R$ 10.000,00 e projetou resultados líquidos de caixa De R$ 3.000,00 por ano para os próximos 5 anos.

Se a taxa de desconto for de 10% ao ano, calcule o Valor Presente Líquido utilizando o Excel.

Tente fazer esse problema e confira com a resolução dele no vídeo do link: https://youtu.be/O9rFx9DryTQ

Veja que no vídeo eu faço um pouquinho diferente do que foi feito aqui neste livro.

Ao invés de calcular primeiro o valor presente das entradas e depois o VPL, eu monto uma fórmula direto para calcular as duas coisas.

Essa é outra maneira de fazer o cálculo do VPL.

Tudo bem, agora você já sabe calcular o VPL usando a fórmula, com a calculadora financeira hp12c e na planilha eletrônica Excel, o que é que você precisa fazer agora?

Você precisa decidir não é verdade?

Precisamos saber quais os critérios de aprovação ou rejeição de um projeto, ou como ordenar do melhor para o pior usando o VPL.

Como decidir aceitação e ordenação de projetos de investimento usando o VPL

Com já foi dito, nós já sabemos que, quanto maior o Valor Presente Líquido maior será a riqueza gerada pelo projeto para os acionistas ou sócios.

Mas aí você pode me perguntar, professor o VPL pode dar negativo? o que isso significa?

Sim, se as entradas operacionais do projeto trazidas para o momento do investimento forem menores que o investimento inicial nós teremos VPL negativo.

O VPL negativo significa que, ao invés de aumentar a riqueza dos investidores, um projeto vai fazer o contrário, vai gerar um prejuízo para empresa.

Assim podemos chegar à seguinte conclusão em relação à aceitação ou rejeição de um projeto utilizando o valor presente líquido: projetos com Valor Presente Líquido maior do que zero devem ser aceitos e projetos com VPL menor do que zero devem ser rejeitados.

Todavia, você precisa levar em conta também que não estamos trabalhando aqui o risco, ou avaliando como foi montada a taxa de desconto.

Outro ponto a ser avaliado é que os fluxos de caixa projetados são estimativas e podem não ocorrer conforme planejado.

Existe sempre o risco deles serem menores que o projetado. Isso pode fazer com que um VPL positivo se transforme em negativo, alterando a decisão de investimento.

Devemos ter cuidado também com a taxa. Uma taxa de desconto muito elevada pode fazer com que a empresa descarte muito muitos projetos viáveis.

Se a empresa conseguir fonte de financiamento mais baratas, por exemplo, ou os investidores exigirem menos em função do risco menor da empresa, pode fazer com que a taxa de desconto seja menor e você venha aceitar mais projetos de investimento.

E se empresa tiver vários projetos com VPL positivo, como fazer para decidir?

A primeira coisa que você tem que ter em mente é se os projetos são independente ou mutuamente excludentes.

Nos projetos independentes a aprovação de um projeto não rejeita o outro.

Neste caso, se a empresa tiver recursos para investir em todos com VPL positivo, ela deve aceitar todos os projetos e fazer todos os investimentos.

Se ela tiver restrição de capital, ou seja, não possui todos os recursos para fazer os investimentos com VPL positivo, você deve ordenar do maior VPL para o menor e ir executando os projetos até o limite de capital disponível.

Outra situação é quando temos projetos mutuamente excludentes. Mas o que são projetos mutuamente excludentes?

São aqueles em que a aceitação de um vai necessariamente rejeitar os outros.

Se você está avaliando a substituição de um equipamento por um de três modelos diferentes, por exemplo. Logicamente se você escolhendo um modelo você vai rejeitar os outros dois.

Neste caso a empresa deve ordenar as alternativas de investimento do VPL maior para o menor e escolher o que gerar maior valor Presente Líquido.

O valor presente líquido é certamente o mais importante critério de decisão. Em análises de investimento ele é o melhor indicador, tanto em termos teóricos e como práticos, para se tomar decisão.

Porém, para uma análise finalística, você precisa avaliar outros aspectos, como risco, aspectos mercadológicos e comerciais, além das questões de estratégia empresarial.

Ainda não finalizamos nossas técnicas para tomada de decisão e análise investimento, precisamos ver ainda a taxa interna de retorno (TIR), que é muito utilizada e apreciada pelos administradores, que gostam bastante de trabalhar com taxas de retorno.

Exercício de aprendizagem

Vamos então para nosso exercício de VPL:

Calcule o Payback descontado e o Valor Presente Líquido(VPL) dos seguintes projetos de investimento com duração de 4 anos e custo de capital de 10% ao ano:

a. Investimento inicial de R$ 10.000 e entradas de caixa anual de R$ 5.000,00

b. Investimento inicial de R$ 16.000 e entradas de caixa anual de R$ 8.000,00

c. Os dois projetos são aceitáveis? Qual o melhor?

Tente resolver este problema utilizando as fórmulas, a Hp-12c e o Excel. Depois confira a resolução no endereço: https://youtu.be/-Wsmeixq1mY

Se tiver alguma dúvida ou sugestão, deixe no comentário do vídeo.

Aprendizado do capítulo

- Entender o que Valor Presente Líquido;
- Calcular o VPL de uma situação de investimento utilizando as fórmulas de juros compostos;
- Saber como fazer o cálculo do VPL a partir da metodologia do payback descontado;

- Compreender a relação entre VPL e payback descontado;
- Calcular o VPL utilizando a HP-12c;
- Calcular o VPL utilizando o Excel; e
- Decidir a aceitação e ordenação de projetos de investimento usando o VPL.

Agora que você já sabe como calcular o Valor Presente Líquido, vamos estudar a Taxa Interna de Retorno (TIR).

A Taxa Interna de Retorno (TIR)

A taxa interna de retorno (TIR) é um outro indicador muito utilizado em análise de investimento. A TIR representa a porcentagem de retorno mensal ou anual que o investimento está gerando para empresa.

O que é taxa interna

Matematicamente a Taxa Interna de Retorno é a taxa de desconto que iguala os fluxos descontados do projeto ao investimento inicial.

Dito de outra maneira, é a taxa em que o VPL é igual a zero. De maneira prática ela é a taxa de retorno anual do projeto.

Apesar da TIR apresentar alguns problemas de cálculo e de avaliação, os gestores gostam muito de avaliar projetos utilizando este indicador, pois estão muito acostumados a lidar com taxas de custo e de retornos em percentuais.

O cálculo da TIR?

O cálculo manual da TIR não é tão simples quanto do VPL, pois não existe uma fórmula que calcule a taxa interna de retorno de forma direta.

Precisamos testar várias taxas de retorno até que o VPL do projeto seja igual a zero. Inclusive é assim que as calculadoras financeiras e o Excel fazem para calcular a TIR. Por isso, na prática financeira, não fazemos o cálculo da taxa interna de retorno usando fórmulas. O mais comum é usar uma calculadora financeira normalmente a HP-12c, ou uma planilha eletrônica, normalmente o Excel.

Vejamos então como a gente pode fazer o cálculo da TIR na HP-12c e depois no Excel.

Como calcular a TIR na Hp12c

Para você calcular a taxa interna de retorno na calculadora financeira HP-12c é muito simples. Basta seguir o mesmo passos de entrada de dados para o cálculo do VPL, conforme visto anteriormente.

Ao final, depois da entrada dos dados de investimento inicial, fluxos e taxa de desconto, é só pedir a TIR através da função IRR da calculadora HP-12c

Vejamos como fazer este cálculo na HP usando o mesmo exemplo do VPL.

As funções que nós vamos usar serão as mesmas, apenas acrescentando a função IRR, Veja na imagem abaixo:

Os passos também são quase os mesmos, só que ao final clicamos em g e IRR. Assim a calculadora Irá retornar a taxa interna de retorno do projeto.

Para calcular a TIR você deve seguir os seguintes passos:

1. Apagar os registradores da calculadora utilizando as teclas f Clx

2. Entrar como investimento inicial na Tecla CF0. Note que o investimento normalmente é negativo e portanto temos que teclar em CHS para trocar o sinal
3. Entrar os fluxos ano a ano na ordem em que eles aparecem na tecla CFj
4. Pedir a TIR teclando em IRR

Como seria então os passos na hp-12c para o problema anterior?

Problema: Suponha que você tenha um investimento de R$ 10.000,00 que irá retornar R$ 4.000,00 por ano por 4 anos. Qual a TIR?

Os passos para calcular a TIR deste projeto será:
1. Tecle f depois Clx para apagar os registradores
2. Tecle o número 10000 e depois em CHS para trocar o sinal Tecle g CF0 para entrar o investimento inicial
3. Tecle 4000 e depois em g CFj para entrar o fluxo do primeiro ano
   Tecle 4000 novamente e depois em g CFj para entrar o fluxo do segundo ano
   Tecle 4000 novamente e depois em g CFj para entrar o fluxo do terceiro ano
   Tecle 4000 novamente e depois em g CFj para entrar o fluxo do quarto ano
4. Tecle f e depois em IRR para encontrar A taxa interna de retorno

A calculadora irá retornar o valor de **21,86 % ao ano**, que será a Taxa Interna de Retorno (TIR) do projeto.

O que essa Taxa Interna de Retorno significa?

Significa que o projeto está obtendo uma taxa de retorno anual de 21,86% ao ano.

Veja a resolução deste problema no link do vídeo:
https://youtu.be/GyCMmEFJkwk

Vejamos agora como fazer o cálculo da TIR no Excel, que também é bastante simples.

Como calcular a TIR no Excel?

Para calcular a Taxa Interna de Retorno Excel você vai precisar também montar uma planilha como nós vimos para o VPL.

Só que agora você não vai precisar do custo de capital, ou seja da taxa de desconto.

Para o nosso exemplo você pode montar uma planilha da seguinte forma:

	A	B	C	D
1				
2		ano	fluxo	
3		0	-R$ 10.000,00	
4		1	R$ 4.000,00	
5		2	R$ 4.000,00	
6		3	R$ 4.000,00	
7		4	R$ 4.000,00	
8				
9		TIR		
10				

Aqui também você deve ter os mesmos cuidados quanto à formatação dos dados, nos fluxos você deve utilizar moeda, que aqui no Brasil é o real, e a taxa, que agora vai ser a taxa interna de retorno, deve ser formatada como percentual.

Inclusive para calcular a TIR é bem mais simples que o cálculo do VPL, basta digitar a função TIR.

Os argumentos da função também são mais simples. Basta que você selecione toda a área desde o investimento inicial até o último fluxo, que no exemplo vai ser quarto anos.

Uma observação importante é que o investimento inicial precisa estar negativo.

=TIR(valores, [suposição])

Em valores, você deve entrar todos os valores, desde o investimento inicial até o último fluxo.

Você também pode digitar a célula onde se encontra o investimento inicial, depois dois pontos e em seguida a célula que se encontra o último fluxo.

Não se preocupe com o argumento [suposição], pode deixar em branco.

Para o nosso exemplo basta que você digite na célula ao lado da célula TIR a seguinte função:

=TIR(C3:C7)

Veja na imagem abaixo:

A	B	C
	ano	fluxo
	0	-R$ 10.000,00
	1	R$ 4.000,00
	2	R$ 4.000,00
	3	R$ 4.000,00
	4	R$ 4.000,00
	TIR	=TIR(C3:C7)

Depois que você teclar enter o Excel vai calcular a Taxa Interna de Retorno. Que vai ser 21,86% ao ano.

Se o seu resultado der 22%, é porque o resultado foi arredondado para mais. Nesse caso você precisa aumentar o número de casas para duas casas decimais.

Veja como fica o resultado na planilha:

ano	fluxo
0	-R$ 10.000,00
1	R$ 4.000,00
2	R$ 4.000,00
3	R$ 4.000,00
4	R$ 4.000,00
TIR	21,86%

Aqui também se você alterar qualquer um dos fluxos ou o investimento inicial que Taxa Interna de Retorno é calculada automaticamente.

Se aumentarmos para R$ 11.000,00 investimento inicial, por exemplo, a TIR será de 16,88% ao ano. Veja a imagem abaixo:

ano	fluxo
0	-R$ 11.000,00
1	R$ 4.000,00
2	R$ 4.000,00
3	R$ 4.000,00
4	R$ 4.000,00
TIR	16,88%

Para você baixar a planilha do cálculo da taxa interna de retorno clique no link: http://flaviomoita.com.br/download/planilha-tir-excel.xlsx

Tudo bem, agora você já sabe calcular a Taxa Interna de Retorno tanto no Excel com na HP, mas como podemos avaliar os projetos usando esse indicador?

Como decidir utilizando a Taxa Interna de Retorno

A decisão se um investimento é viável ou não utilizando a TIR, deve ser feito através da comparação da taxa com o custo de capital da empresa.

No nosso exemplo temos TIR de 21,86% ao ano. Se o custo do capital da empresa for de 10% ao ano, então você está obtendo um retorno maior do que o custo capital pois 21,86% é maior do que 10%.

Nesse caso o projeto seria aceito, por apresentar retorno maior do que o custo de capital.

Por outro lado, vamos supor que o custo de capital da empresa seja de 25% ao ano. Nesse caso, o projeto deve ser rejeitado, pois o retorno do investimento, medido através da TIR de 21,86%, é menor que o custo do dinheiro para empresa.

Assim podemos chegar à seguinte conclusão quanto à aceitação ou rejeição de projetos de investimento utilizando a taxa interna de retorno:

Projetos com taxa interna de retorno maior do que o custo de capital: devemos aceitar.

Investimentos com taxa interna de retorno menor que o custo capital: devemos rejeitar.

Se tivermos mais de um projeto de investimento em avaliação, temos que ver se eles são Independentes os mutuamente excludentes como fizemos na análise com o VPL.

Em projetos Independentes, temos que avaliar se a empresa tem recursos para fazer todos os projetos. Nesse caso devemos ordenar o projetos da maior para menor TIR. Devemos executar os projetos nessa ordem.

Para projetos mutuamente excludentes, devemos escolher aquele projeto que obtiver a maior Taxa Interna de Retorno.

Principais problemas ao utilizar a TIR em análise de investimento

A taxa interna de retorno é sem dúvida uma das técnicas de maior preferência pelos investidores e administradores para se avaliar investimentos.

Uma das facilidades da TIR é que, diferentemente do VPL, no seu cálculo não precisamos estipular um custo de capital. Essa é uma das grandes dificuldades do valor presente líquido.

A determinação da taxa mínima de atratividade para desconto dos fluxos de um investimento muitas vezes envolve fatores que a empresa não tem controle, como as políticas macroeconômicas do governo, as fontes de financiamento disponíveis e até mesmo as expectativas dos sócios em relação ao retorno do investimento feito na empresa.

Por outro lado, a taxa interna de retorno apresenta alguns problemas que podem afetar negativamente os resultados dos investimentos.

Os dois principais problemas, apesar de não serem únicos, são o reinvestimento do projeto a taxa de interna de retorno e, em uma análise de projetos excludentes, a dimensão dos investimentos dos projetos.

Vamos começar avaliando o problema da dimensão dos investimentos.

A dimensão do investimento e retorno dos projetos.

Ao não considerar os tamanhos dos projetos, a taxa interna de retorno pode resultar em decisões que podem diminuir o valor da empresa como um todo.

A primeira coisa que você deve ter em mente é que a empresa precisa considerar na avaliação dos investimentos todos os recursos disponíveis. O total de capital disponível deve ser aplicado de forma a maximizar o valor da empresa no longo prazo.

Os recursos não investidos na maior parte das vezes serão aplicadas a taxas bem menores do que os resultantes dos projetos da empresa, caso contrário não teria sentido a existência da própria organização.

 Veja por exemplo a situação abaixo:

ano	PROJETO A	PROJETO B
0	-R$ 10.000,00	-R$ 100.000,00
1	R$ 4.000,00	R$ 40.000,00
2	R$ 4.000,00	R$ 40.000,00
3	R$ 4.000,00	R$ 40.000,00
4	R$ 4.000,00	R$ 40.000,00
taxa de desconto	10%	10%
VPL	R$ 2.679,46	R$ 26.794,62
TIR	21,86%	21,86%

Os dois projetos apresentam a mesma taxa interna de retorno 21,86% ao ano. Se você decidisse utilizando somente a taxa interna de retorno seria indiferente a escolha o PROJETO A ou o PROJETO B, não é verdade?

Mas veja que, apesar de apresentarem TIR iguais, os VPL são bem diferentes. O projeto B gera 10 vezes mais retorno financeiro que o projeto A.

É bem verdade que você poderia dizer que na situação acima você iria escolher pela TIR, mas como elas deram iguais você iria decidir pelo projeto B em função do VPL maior.

Mas veja essa outra situação:

ano	PROJETO A	PROJETO B
0	-R$ 1.000,00	-R$ 100.000,00
1	R$ 1.100,00	R$ 40.000,00
2	R$ 1.100,00	R$ 40.000,00
3	R$ 1.100,00	R$ 40.000,00
4	R$ 1.100,00	R$ 40.000,00
taxa de desconto	10%	10%
VPL	R$ 2.486,85	R$ 26.794,62
TIR	103,60%	21,86%

E agora, como você iria decidir? o melhor é o projeto A com TIR de 103,60% ou B com 21,86%?

Se considerarmos somente a taxa interna de retorno não teríamos dúvida, o PROJETO A deveria ser o escolhido. Ele gerou quase cinco vezes mais taxa interna de retorno do que o PROJETO B, não é verdade?

O problema nesse raciocínio é que, nesse caso, se tomarmos a decisão de investir em A, nós estaremos diminuindo o valor da empresa no longo prazo, pois o projeto A vai gerar de resultado líquido R$ 2.486,85 e o projeto B vai gerar mais de 10 vezes o valor, R$ 26.794,62.

Isso aconteceu porque no cálculo da taxa interna de retorno nós não estamos considerando as dimensões dos projetos, e o uso completo do capital disponível para o investimento.

Isso é um problema que de fato que pode gerar decisões incorretas e diminuir o valor da empresa no longo prazo.

Outra questão também muito importante de ser avaliada em relação a TIR, é a taxa de reinvestimento.

A taxa de reinvestimento

Na hora que você calcula a taxa interna de retorno de um projeto estamos supondo que todos os fluxos ao longo do horizonte de tempo serão reinvestido utilizando a taxa interna de retorno. O que nem sempre é verdade na prática.

Para TIRs muito maiores que as taxa de investimento de mercado isso pode gerar uma grande distorção na avaliação do investimento pois, na execução do projeto não teremos como reinvestir os valores a taxas muito superiores que as de mercado.

Por exemplo, digamos que as taxas de aplicação de mercado sejam em média de 20% ao ano. Supondo que você está avaliando um projeto em que a taxa interna de retorno calculada foi de 120% ao ano.

A TIR foi excelente, não é verdade? 120% ao ano é seis vezes maior que as taxas médias mercado.

O problema é que, na prática, você não vai conseguir reinvestir os valores intermediários ao longo do tempo do projeto utilizando essa taxa de 120%.

Se você tem várias opções de investimento e você decidir pela opção de 120% ao ano pode ser que você não esteja escolhendo a melhor alternativa.

Em alguns casos teremos valores presentes de líquidos iguais e taxas internas de retorno diferentes. Veja este exemplo:

ano	PROJETO A	PROJETO B
0	-R$ 10.000,00	-R$ 10.000,00
1	R$ 0,00	R$ 10.000,00
2	R$ 0,00	R$ 5.529,00
3	R$ 10.000,00	R$ 0,00
4	R$ 10.000,00	R$ 1.000,00
taxa de desconto	10%	10%
VPL	R$ 4.343,28	R$ 4.343,34
TIR	22,07%	42,32%

O PROJETO A e o PROJETO B apresentam praticamente o mesmo valor presente líquido, que foi calculado utilizando uma taxa de desconto estipulada tomando como base uma situação real da empresa e da economia, de 10% ao ano.

O problema é que o projeto B apresentou uma taxa interna de retorno muito maior. Como um dos pressupostos da TIR é que os fluxos intermediários serão reaplicadas a essa taxa interna de retorno de 42,32%. Diante de um custo de capital de 10% são quatro vezes mais. É necessário avaliar se realmente isso é possível.

Mas nessa situação você pode me perguntar, professor mas eu tenho uma situação onde os VPL são iguais e a taxa interna de retorno do projeto B é maior eu não devo escolher o projeto B?

É verdade que os investimentos e os VPLs são iguais e a taxa de retorno do projeto B é quase duas vezes maior que o projeto lá.

Pela lógica você deveria escolher o projeto B.

Mas olha essa outra situação:

ano	PROJETO A	PROJETO B
0	-R$ 10.000,00	-R$ 10.000,00
1	R$ 15.000,00	R$ 1.000,00
2	R$ 800,00	R$ 1.000,00
3	R$ 800,00	R$ 1.000,00
4	R$ 800,00	R$ 30.000,00
taxa de desconto	20%	20%
VPL	R$ 3.904,32	R$ 6.574,07
TIR	60,07%	37,63%

Você escolheria o projeto A com taxa interna de retorno de 60,07% ou projeto B com taxa interna de retorno de 37,63%? Essa é uma decisão difícil. Neste caso é preciso avaliar muito bem, pois estamos supondo que esses R$ 15.000,00 que serão gerados no primeiro ano do projeto B serão reinvestido essa taxa de 60%, o que na prática pode não ser verdade.

Uma das formas de minimizar esse tipo de problema da TIR é através de uma ajuste pela taxa de desconto da empresa. Essa nova TIR, chamamos de Taxa Interna de Retorno Modificada (TIRM) que veremos no próximo capítulo.

Exercício de aprendizagem

Pronto agora que você já sabe calcular o payback simples e descontado, o VPL e a TIR, é hora de treinar. Tente resolver o problema abaixo:

Uma empresa está avaliando um investimento de R$ 120.000,00 que irá gerar retornos durante 5 anos, veja o fluxo de caixa abaixo:

ano	fluxo
0	-R$ 120.000,00
1	R$ 30.000,00
2	R$ 28.000,00
3	R$ 33.600,00
4	R$ 40.320,00
5	R$ 48.384,00

Se o custo capital da empresa for de 5% ao ano calcule:
1. O payback imples;
2. O payback descontado
3. O valor presente líquido;
4. A taxa interna de retorno

Você pode utilizar o método que quiser: as fórmulas, a HP-12c ou o Excel.

Para você ver e conferir a sua resolução, veja o vídeo com o passo a passo da solução desse problema no link: https://youtu.be/7bmchBKq9FA

Na descrição do vídeo tem um link para você fazer o download da planilha com a resolução.

Vejamos agora os principais problemas ao utilizar a TIRM.

Aprendizado do capítulo

- Entender o que é Taxa Interna de Retorno (TIR);
- Calcular a TIR utilizando a HP-12c;
- Calcular a TIR utilizando o Excel;
- Decidir investimentos usando a taxa interna de retorno; e
- Entender os principais problemas ao se utilizar a TIR em análise de investimento.

Agora vamos ver com mais detalhes a Taxa Interna de Retorno Modificada (TIRM).

A taxa Interna de Retorno Modificada (TIRM)

A Taxa Interna de Retorno Modificada, como o nome mesmo diz, é um ajuste na TIR de forma a melhorar as decisões tomadas.

Na TIRM levamos em conta o custo de capital da empresa para financiar seus investimentos, e assim consideramos que as taxas de revestimentos serão feitas ao custo de capital e não a taxa interna de retorno encontrada.

Esta técnica de análise de investimento busca corrigir um dos problemas vistos anteriormente em relação às diferenças entre os retornos dos projetos obtidos a partir da taxa interna de retorno e as taxas reais de mercado, em termos de custos de capital e taxa de aplicação dos recursos excedentes.

Mas como é que você pode calcular e interpretar a taxa interna de retorno modificada (TIRM)?

Como calcular a TIRM?

Para você calcular a taxa interna de retorno modificada vamos seguir os seguintes passos:

1. Inicialmente vamos calcular o valor presente dos fluxos do projeto projeto utilizando a taxa de desconto de capital
2. Em seguida levamos esse valor presente dos fluxos para o último ano do projeto
3. Por fim calculamos a taxa que faz com que o investimento inicial se transforme nesse valor futuro dos fluxos do projeto no último ano.

Eu sei que pode parecer um pouco genérico essa explicação, mas vai ficar bem mais simples através de um exemplo resolvido.

Vamos então ver como calcular a taxa interna de retorno modificada usando a calculadora financeira HP 12C e em seguida no Excel.

Como calcular a TIRM na hp12c?

Vamos usar o mesmo exemplo que temos usado ao longo dos outros método. Temos então os seguintes fluxos:

ano	fluxo
0	-R$ 10.000,00
1	R$ 4.000,00
2	R$ 4.000,00
3	R$ 4.000,00
4	R$ 4.000,00

A primeira coisa que a gente precisa fazer é calcular o valor presente das entradas no momento zero. Para isso vamos digitar na calculadora HP a seguintes teclas:

Tecle f depois Clx para apagar os registradores.

Tecle 4000 e depois em g CFj para entrar o fluxo do primeiro ano.

Tecle 4000 novamente e depois em g CFj para entrar o fluxo do segundo ano.

Tecle 4000 novamente e depois em g CFj para entrar o fluxo do terceiro ano.

Tecle 4000 novamente e depois em g CFj para entrar o fluxo do quarto ano.

Tecle o número 10 e depois em i para entrar com a taxa de desconto.

Tecle f e depois em NPV para encontrar o valor presente dos fluxos.

A calculadora irá retornar o valor de R$ 12.679,46. Este valor representa os fluxos de 4.000 anos durante 4 anos trazidos por um momento zero.

No segundo passo devemos levar esse valor de R$ 12.679,46 para o último ano do projeto utilizando a taxa de 10% ao ano, que a taxa de desconto da empresa.

Para fazer esse cálculo precisamos entrar com R$ 12.679,46 no PV, entrar com a taxa de 10% no i e entrar com o número de anos que são quatro anos no n. Depois é só clicar em FV que é o valor futuro, veja os passos abaixo:

Tecle f depois Clx para apagar os registradores.

Tecle 12679,46 e depois PV.

Tecle o número 10 e depois em i para entrar com a taxa de desconto.

Tecle 4 depois em n para entrar o número de períodos.

Depois tecle em FV o valor futuro dos fluxos.

A calculadora irá retornar o valor de R$ 18.564,00.

Esse valor representa a somatória de todos os fluxos resultantes do ano 1 ao 4 levado para o final do último ano do projeto.

O terceiro e último passo para calcular a taxa interna de retorno modificada é encontrar a taxa de aplicação que vai fazer com que o investimento inicial no projeto, que é de R$ 10.000,00 se transforme em R$ 18.564,00 no final de 4 anos. Para fazer esse cálculo precisamos digitar as seguintes teclas na calculadora HP-12c:

Tecle 10000 e depois CHS e PV.

Tecle 4 depois em n para entrar o número de períodos.

Depois tecle **18564** e FV, que é o valor futuro dos fluxos.

Por fim clique em i.

A sua calculadora HP-12c vai calcular a taxa anual que faz com quem R$ 10.000,00 se transforma em R$ 18.564,00 após quatro anos.

Ela vai retornar à taxa de 16,73%, Essa vai ser exatamente a taxa interna de retorno modificada deste projeto.

Teremos então uma taxa interna de retorno modificada de 16,73 % ao ano.

Veja que ela deu o menor do que a taxa interna de retorno do projeto que foi de 21,86%.

Isso aconteceu porque nós fizemos esse ajuste para o custo de capital da empresa.

A taxa de 16,73% da taxa interna de retorno modificada é muito mais realística do que 21,86%.

Para você treinar o cálculo da TIRM tente fazer o exemplo abaixo:

Valor do investimento= R$ 1000

Tempo do projeto= 4 anos

Taxa de desconto= 10% ao ano

Fluxos dos quatro anos do projeto: primeiro ano R$ 500, segundo ano R$ 400, terceiro ano R$ 300 e quarto ano R$ 100.

Calcule a taxa interna de retorno modificada.

Tente fazer esse problema utilizando HP-12c, e depois confira o resultado vendo este vídeo lá no nosso canal: https://youtu.be/eXJOG77mZKI

Como calcular a TIRM no Excel?

Agora que nós já vimos como fazer o cálculo da TIRM na calculadora financeira HP-12c, me acompanhe no passo a passo para fazer esse mesmo cálculo no Excel.

Na verdade é bem mais simples para fazer no Excel do que na HP-12c. É muito semelhante como nós fizemos o cálculo da taxa interna de retorno.

O primeiro passo é montar tabela de dados. Nós vamos montar uma tabela de dados semelhante a essa:

	A	B	C
1			
2		ano	fluxo
3		0	-R$ 10.000,00
4		1	R$ 4.000,00
5		2	R$ 4.000,00
6		3	R$ 4.000,00
7		4	R$ 4.000,00
8			
9		Taxa de desconto	10%
10			
11		Fluxo da data zero	
12			
13		Fluxo no ano 4	
14			
15		TIRM	
16			

Veja que eu já inclui nesta tabela os fluxos ao longo dos quatro anos do projeto de investimento. Já temos também o espaço para encontrar os fluxos da data zero, os fluxos no último ano do projeto, e a taxa interna de retorno modificada.

O primeiro passo é calcular o fluxo na data zero, para isso vamos ir utilizar a função VPL do Excel.

Neste caso vamos usar exatamente essa fórmula, com os seguintes parâmetros:

=VPL(C9;C4:C7)

Veja a imagem abaixo:

| TAXA | ▾ | ⋮ | × | ✓ | fx | =VPL(C9;C4:C7) |

	A	B	C
1			
2		ano	fluxo
3		0	-R$ 10.000,00
4		1	R$ 4.000,00
5		2	R$ 4.000,00
6		3	R$ 4.000,00
7		4	R$ 4.000,00
8			
9		Taxa de desconto	10%
10			
11		Fluxo da data zero	=VPL(C9;C4:C7)
12			
13		Fluxo no ano 4	
14			
15		TIRM	
16			

O Excel Irá retornar um valor presente desses fluxos de R$ 12.679,46, valor igual ao que encontramos utilizando uma calculadora HP 12C.

Agora vamos encontrar esse valor de R$ 12.679,46 no final do ano 4 do projeto.

E aí vamos inserir ao lado do fluxo no ano 4 a seguinte função:

=VF(C9;4;;-C11;)

Veja a imagem abaixo:

	A	B	C
1			
2		**ano**	**fluxo**
3		0	-R$ 10.000,00
4		1	R$ 4.000,00
5		2	R$ 4.000,00
6		3	R$ 4.000,00
7		4	R$ 4.000,00
8			
9		**Taxa de desconto**	10%
10			
11		**Fluxo da data zero**	R$ 12.679,46
12			
13		**Fluxo no ano 4**	=VF(C9;4;;-C11;)
14			
15		**TIRM**	
16			

O valor futuro dos fluxos de caixa no ano 4 será então de R$ 18.564,00. Valor igual ao que encontramos utilizando a calculadora HP-12c.

Agora é só calcular a taxa interna de retorno modificada, neste caso devemos usar a seguinte função:

=TAXA(4;;C3;C13;;)

Veja a imagem abaixo:

| TAXA | ▼ | : | × | ✓ | fx | =TAXA(4;;C3;C13;;) |

	A	B	C
1			
2		ano	fluxo
3		0	-R$ 10.000,00
4		1	R$ 4.000,00
5		2	R$ 4.000,00
6		3	R$ 4.000,00
7		4	R$ 4.000,00
8			
9		Taxa de desconto	10%
10			
11		Fluxo da data zero	R$ 12.679,46
12			
13		Fluxo no ano 4	R$ 18.564,00
14			
15		TIRM	=TAXA(4;;C3;C13;;)
16			

O Excel irá retornar a taxa de retorno modificada de 16,73%. Valor também coincidente com o cálculo que fizemos na calculadora HP-12c.

Veja a imagem com o resultado final:

ano	fluxo
0	-R$ 10.000,00
1	R$ 4.000,00
2	R$ 4.000,00
3	R$ 4.000,00
4	R$ 4.000,00
Taxa de desconto	10%
Fluxo da data zero	R$ 12.679,46
Fluxo no ano 4	R$ 18.564,00
TIRM	16,73%

Você pode baixar essa planilha no link:
http://flaviomoita.com.br/download/planilha-tirm-excel.xlsx

Exercício de Aprendizagem

Vamos então exercitar o cálculo da TIRM.
A partir do fluxo de caixa abaixo, calcular a TIR e a TIRM utilizando a HP-`12c e o excel:

ano	fluxo
0	-R$ 1.000.000,00
1	R$ 500.000,00
2	R$ 400.000,00
3	R$ 300.000,00
4	R$ 100.000,00

Conferir a sua resolução no vídeo do link:
https://youtu.be/7bmchBKq9FA

Aprendizado do capítulo

- Entender o que é Taxa Interna de Retorno Modificada (TIRM);
- Calcular a TIRM utilizando a HP-12c;
- Calcular a TIRM utilizando o Excel;
- Decidir investimentos usando a taxa interna de retorno;e
- Entender como a TIRM melhora as decisões de investimento em relação a TIR.

Conclusão

Fico muito feliz por saber que você se interessou pelo conteúdo deste livro e que tenha dedicado seu tempo para ler e estudar essas metodologias gerenciais que auxilia o administrador a tomar melhores decisões dentro das empresas.

Gostaria também de lhe parabenizar pela leitura e aprendizado e espero sinceramente que todo o conteúdo visto tenha lhe ajudado a aprender definitivamente a utilizar e interpretar essas cinco principais técnicas de análise de investimento.

Nesse livro você acompanhou as principais ferramentas para análise de investimento. Desde a mais simples (payback) até as mais utilizadas e importantes (VPL e TIR). Destacamos como mais importantes os seguintes aprendizados que você deve ter conseguido após a leitura deste livro:

- Fazer o cálculo do ganhos reais de uma aplicação, acima da inflação nos juros compostos;
- Fazer o cálculo do custo real, acima da inflação, de um financiamento
- Calcular o custo médio ponderado de capital de terceiros; e
- Entender e calcular o custo médio ponderado de capital da empresa.
- Calcular o payback simples de um fluxo regular;
- Calcular o payback simples de um fluxo irregular;
- Calcular o payback descontado de uma situação prática de investimento;

- Calcular o VPL de uma situação de investimento utilizando as fórmulas de juros compostos;
- Saber como fazer o cálculo do VPL a partir da metodologia do payback descontado;
- Calcular o VPL utilizando a HP-12c;
- Calcular o VPL utilizando o Excel;
- Calcular a TIR utilizando a HP-12c;
- Calcular a TIR utilizando o Excel;
- Calcular a TIRM utilizando a HP-12c;
- Calcular a TIRM utilizando o Excel;

Se você se interessa pelo tema desse livro, ou de temas relacionados a tomada de decisão utilizando métodos quantitativos, gostaria de lhe convidar a conhecer meu canal no youtube, que vem ajudando administradores e estudantes no estudo de finanças, produção, estatística e custos. Veja também meus outros livros de finanças disponíveis no site da amazon.

Saiba mais sobre meus outros livros e conteúdos nos links a seguir.

CUSTEIO DIRETO
Aplicações práticas para
decisões operacionais

Flávio Moita

Descubra como avaliar e aumentar seus resultados através de aplicações práticas do custeio direto. Você sabe se vale a pena baixar o preço de um produto para vender mais? Qual o preço de venda que vai gerar um lucro compatível com seu investimento? Até quanto o faturamento pode diminuir para que a empresa não tenha prejuízo? O que mais impacta no lucro: a diminuição dos custos ou o aumento no preço de venda? Até que ponto vale a pena investir em melhoria na qualidade do produto para vender uma quantidade maior ou por um preço mais alto?

Essas decisões operacionais nem sempre são bem avaliadas pelos administradores e empreendedores.

"Custeio Direto: Aplicações Práticas Para Decisões Operacionais" vai lhe ajudar a entender como avaliar essas situações de maneira a tomar melhores decisões operacionais.

Em termos didáticos, o livro pode ser usado em disciplinas nos cursos de ciências contábeis, economia, administração de empresas e engenharia de produção.

Este livro é indicado especialmente para gestores, empreendedores e estudantes das áreas financeira, de custos, produção e marketing.

Saiba mais sobre este livro no link: https://www.amazon.com.br/dp/B07VQW9211

Se você está com dificuldade em fazer conta de juros compostos! Você está se preparando para algum concurso, teste profissional ou vestibular? Está com dificuldade para fazer cálculos financeiros básicos? Não sabe calcular o valor futuro, valor presente, tempo e número de períodos no regime de juros compostos?

Se você respondeu sim para alguma dessas perguntas, então o livro "Estudo dirigido de matemática financeira: guia prático com exercícios resolvidos de juros compostos" vai lhe ajudar a usar a fórmula de juros compostos em cálculos básicos de matemática financeira.

No livro você vai encontrar inicialmente uma introdução apresentando as equações e exemplos resolvidos para os cálculos do valor futuro, valor presente, tempo de aplicação e taxa de juros de juros.

Em seguida serão apresentados e resolvidos passo a passo uma série de problemas de juros compostos utilizando as fórmulas vistas na parte inicial do livro.

O livro foi especialmente desenvolvido para lhe ajudar na resolução de problemas básicos de matemática financeira relacionados ao valor do dinheiro no tempo.

O livro é ideal para quem está iniciando nas disciplinas relacionadas a área financeira. Especialmente em cursos de matemática financeira, engenharia econômica e métodos quantitativos financeiros. Também vai ser útil na preparação para concursos e processos seletivos da área.

Saiba mais sobre este livro no link:https://www.amazon.com.br/dp/B07FBQTNC4

Por favor deixe uma avaliação

Espero sinceramente que você tenha aproveitado e gostado bastante deste livro. Ficarei muito feliz se você me ajudasse a divulgar este livro para mais pessoas. Para tanto peço que deixe uma avaliação desse conteúdo na Amazon. Se for possível, por favor diga qual parte do livro você mais gostou e lhe foi útil.

Para escrever uma avaliação basta você acessar a página do livro e clicar em "escreva uma avaliação".

Se você que dar alguma sugestão ou crítica deste livro, de forma a melhorarmos seu conteúdo em novas revisões, por favor me envie um e-mail para flavio@flaviomoita.com.br.

Também lhe convido a me seguir nas minhas redes sociais:

https://www.instagram.com/proflaviomoita/

youtube.com/flaviomoita

http://flaviomoita.com.br/

Muito obrigado pela leitura, desejo muito sucesso para você.
Até breve!
Prof. Flávio Moita
http://flaviomoita.com.br/

Sobre o autor

Doutor em engenharia de produção pela Universidade Federal do Rio de Janeiro, COPPE/UFRJ, mestre em administração de empresas pela Universidade Estadual do Ceará, com concentração em pequenas e médias empresas, especialista em engenharia de produção pela Universidade Federal do Ceará, especialista em produção de material didático para EAD pela Universidade Federal do Amazonas, Especialista em extração e beneficiamento de rochas ornamentais pela Universidade estadual do Ceará, engenheiro mecânico pela Universidade de Fortaleza. Possui experiência prática, teórica e didática nas áreas de engenharia de produção, gestão de processos, sistemas, métodos, logística empresarial, finanças empresariais e planejamento estratégico.